Jürgen Borchert

MECKLENBURGS
GROSSHERZÖGE

1815–1918

DEMMLER VERLAG

Titelfoto:
Der letzte Großherzog von
Mecklenburg- Schwerin, Friedrich Franz IV.
Gemälde von Joseph Schretter
Reproduktion: Detlef Klose, Schwerin

Bildnachweis:
Archiv Margot Krempien (S. 4, 29, 100, 101)
Fischer, Egon, Stäbelow, Reprod. (S. 11)
Thomas Helms, Hamburg, Reprod. (S. 8, 13, 37, 40, 45)
Detlef Klose, Schwerin, Reproduktionen nach Vorlagen und Gemälden
des Staatlichen Museums, der Schloßmuseen in
Schwerin und Ludwigslust und nach Literatur aus der
Mecklenburgischen Landesbibliothek Schwerin
(S. 15, 16, 34, 35, 46, 47, 66, 67, 71, 87, 93, 98, 105, 106)
Mecklenburgisches Landeshauptarchiv Schwerin (S. 95, 98)

Für die freundliche Unterstützung und
Veröffentlichungsgenehmigung sei dem Staatlichen Museum Schwerin,
der Mecklenburgischen Landesbibliothek und dem
Mecklenburgischen Landeshauptarchiv Schwerin herzlich gedankt.

© 1992 Demmler-Verlag
Bahnhofstr. 36
O-2764 Schwerin
Telef./Telefax: 03 85/4 49 79

Druck: Wullenwever-Druck, Lübeck

ISBN 3-910150-14-4

Inhalt

Großherzog und Großherzogin von Mecklenburg-
Schwerin mit den prinzlichen Söhnen.

Orig.-Aufn. F. Esch,
Hofphot., Ludwigslust i. M.

*Friedrich Franz IV. und Alexandra von Cumberland mit
ihren Söhnen Friedrich Franz und Christian Ludwig*

Zum Geleit

Manchmal geraten die Zeitläufte aus den Fugen, die Geschichte bekommt einen Schluckauf, und plötzlich ist nichts mehr so, wie es zuvor einmal war. Ein Zeitalter tritt ab, ein anderes zieht herauf. Von seinen jeweiligen Protagonisten gelegentlich als „golden" bezeichnet, erweisen sich die Dezennien in der rückwärtsgewandten Betrachtung selten als so besonders edelmetallhaltig. Eher waren sie eisern und von Kriegen belastet oder aber blechern und hohl. Auch das Zeitalter der Großherzöge von Mecklenburg-Schwerin, das auf den Tag genau 103 Jahre, 4 Monate und 28 Tage währte, wollen wir, auch beim besten Willen nicht, als ein „goldenes" bezeichnen. Dieses reichliche Jahrhundert war, von einigen Fährnissen und Beschwernissen abgesehen, vielleicht nicht eben Mecklenburgs schlechtestes, aber von „golden" kann keine Rede sein.

Nichts liegt uns ferner, als diese Zeit im Nachhineinein zu verklären. Die Anekdote, der Presse liebstes Kind, hat dies wohl versucht. Sie wollte glauben machen, daß die Großherzöge allesamt milde, weise und gerecht regierten, dem Volke wahre Väter und ihre Frauen seine edlen Mütter gewesen seien und unter ihnen das Paradies auf Erden geblüht habe. Das aber ist alles nicht wahr. Es ist jedoch auch nicht vollkommen falsch. Dieser Widerspruch hat auch seinen Ursprung in der etwas verworrenen Verfassungsgeschichte des Landes, mit der wir uns auch, wohl oder übel, gelegentlich ein wenig befassen müssen. Was man immer den mecklenburgischen Großherzögen anlasten kann (oder will), daß sie vielleicht ziemlich prachtsüchtig gewesen seien, nicht immer politisch entschlußfreudig, gelegentlich auch instinktlos, hier und da sogar von sträflicher Ignoranz — eines jedenfalls waren sie nicht: Despoten. Und sie gehörten, wenn sie es auch durch ihre Repräsentationsbemühungen zu verbergen verstanden, zu den eigentlich machtlosesten Fürsten des Reiches. Sie versuchten diese Machtlosigkeit, insbesondere gegenüber der seßhaften Ritterschaft und dem nach Hegemonie strebenden Nachbarn Preußen, durch Volksnähe auszugleichen. Und gerade dieser Zug ist es, der die Verklärung bewirkte und jene in mancher Bauernkate, in mancher ritterschaftlichen Schulstube, in mancher Handwerkerwerkstatt ausgestoßenen Seufzer: „Wenn das der Großhérzog wüßte!" zur Folge hatte. Der Akzent über dem e ist kein Druckfehler, sondern markiert eine Art volkssprachlicher Traditionsbewahrung. Denn exakt am 17. Juni 1815 konnte Friedrich Franz I., bis dato Hérzog von Mecklenburg-Schwerin, das königliche Groß- voranstellen. So hatte es der Wiener Kongreß gewollt: Er erhob die Herzöge von Baden, Hessen-Darmstadt, Sachsen-Weimar, Oldenburg, Luxemburg und beider Mecklenburg in den königsnahen Rang. Als Anrede war „Königliche Hoheit" vorgeschrieben. Napoleon war in den Staub getreten. Die Länder der Erhobenen wurden durch die Erhebung nicht größer, indessen doch ein wenig reicher, denn zum Beispiel Mecklenburg-Schwerin wurde die für heutige Begriffe lächerliche, für damalige Verhältnisse allerdings phantastische Kriegsentschädigungssumme von 2 150 000 Goldfrancs zugesprochen.

Mit solchen guten Nachrichten kehrte der von seinem Landesherrn nach Wien entsandte Geheime Rat und Minister Leopold Hartwig von Plessen, Exzellenz, nach Ludwigslust zurück. Und damit beginnt die Geschichte der Großherzöge von Mecklenburg-Schwerin.

Nein, natürlich beginnt sie damit nicht. Sie beginnt wirklich schon im Frühlicht unserer geschriebenen Geschichte und schon davor, sie beginnt mit den wendischen Stammesfürsten, die zum Zeitpunkt der Regierung Friedrich Franz' I. dreiundzwanzig Geschlechterfolgen zurück „diplomatisch erwiesen" waren, wie es der Staatskalender nannte, sie beginnt vor nunmehr einem vollen Jahrtausend und fand ihren ersten Höhepunkt in dem Obotritenfürsten Niklot, dem Stammvater des mecklenburgischen Fürstenhauses, dessen wehrhaftes Abbild Christian Genschow als Reiterstatue in die Ehrenhalle über dem Schweriner Schloßportal stellte. Mit Niklot fängt alles an.

Wir, besonders wir Mecklenburger, haben ein Defizit an Kenntnissen. In der offiziellen Geschichtsschreibung der dahingegangenen DDR kamen die Fürsten kaum vor. Als Blutsauger und Tyrannen, wie zum Beispiel die russischen Romanows beschrieben wurden, taugten sie nicht, solche schandbaren Missetaten waren ihnen nicht nachzuweisen. Da ließ man sie eben einfach weg und verstieß sie in die historische Bedeutungslosigkeit. Ein Wunder, daß die meisten ihrer Denkmäler in den ehemaligen Residenzen Ludwigslust und Schwerin stehen blieben! Niemand riß den doch ziemlich heroischen Friedrich Franz II. von seinem Sockel im Schweriner Schloßgarten, niemand stieß seinen Urgroßvater, den ersten Friedrich Franz, in Ludwigslust von seinem Piedestal vor dem Schloß – hier begnügte man sich mit teilweiser Tilgung der Inschrift. Niemand räumte Paul Friedrich, den vielgeliebten Landesvater, vor der Burgseefassade des Schweriner Schlosses weg, der ja nun wirklich ein echter Zarenenkel war, Sohn der Jelena Pawlowna Romanowa. War es vielleicht die Angst, „die Russen" könnten es übelnehmen?

Wir wollen erzählen.

Schwerin, im Sommer 1992   Jürgen Borchert

Ludwigslust, Lithographie, 19. Jh.

Friedrich Franz I.
(1756–1842)

„Ludwigslust liegt mitten im Sande und ist ein
Flecken mit Marktgerechtigkeit, eine Pfeife Tobak
von Grabow und einen Hundeblaff von Techentin, hat
600 und einige 20 Häuser, ohne die Schilderhäuser,
und ungefähr 4 000 Einwohner."

So beschrieb der Pädagoge Ludwig Reinhard im Jahre 1835 die Residenz
von Mecklenburg-Schwerin. Er setzte diese Beschreibung an den Anfang
eines Reiseberichtes. Eine Fußreise hatte den jungen Lehrer zusammen
mit dem angehenden Kanzleiadvokaten Wilhelm Raabe aus Parchim (nicht
zu verwechseln mit dem Dichter Wilhelm Raabe! J.B.) nach Norwegen

geführt, wo ihn weniger die Fjorde, sondern vielmehr die – im Vergleich zu Mecklenburg – außerordentlich fortschrittlichen Verfassungsverhältnisse interessierten und faszinierten.

In jenem Jahr 1835 beging Großherzog Friedrich Franz I., Reinhards oberster Dienstherr, sein fünfzigjähriges Regierungsjubiläum. Mecklenburg zelebrierte diese Feier in äußerster Würde und mit großem Aufwand. Protestantische, katholische und jüdische Festgottesdienste wurden allenthalben abgehalten, Festausschüsse konstituierten sich in den vierzig landtagsfähigen Städten des Großherzogtums, Ehrenjungfrauen und Jubelgreise überbrachten Petitionen und Adressen bei Hofe, Spitzbuben wurden begnadigt, Beamte befördert, Böller und Feuerwerk abgebrannt. In den Schulen des Domaniums war unterrichtsfrei. Am 24. April 1835 war es auf den Tag genau fünfzig Jahre her, daß Herzog Friedrich Franz den Thron seines an jenem Tag gestorbenen Onkels erbte. Dieser Onkel Friedrich, mit dem Beinamen „der Fromme", hatte Ludwigslust gegründet, zu einer Residenz ausgebaut und sich wohl gehütet, der um das Schloß und die Kirche herum sich heranentwickelnden Siedlung von vornherein den Status einer Stadt zu verleihen. Diesen Titel bekam Ludwigslust erst 1876 aus der Hand des Großherzogs Friedrich Franz II.

Friedrich Franz I. wurde am 10. Dezember 1756 in Schwerin geboren. Sein Vater, der jüngere Bruder Herzog Friedrichs, hieß Ludwig. Er erbte jedoch seines Bruders Thron nicht, weil er bereits 1778 starb. Da Friedrich kinderlos geblieben war (obschon fünfundvierzig Jahre lang mit einer württembergischen Prinzessin namens Luise Friederike verheiratet), fiel der Thron an Friedrich Franz. Er war 29 Jahre alt, als er seinem Oheim „succedierte". Die „Succession" erfolgte gewissermaßen automatisch mit dem Tode des jeweiligen Vorgängers. Der junge Fürst verkörperte die 20. Generation der Wendischen Krone seit Stammvater Niklot, dem Obotritenfürsten, mit dessen gewaltsamen Tod bei Werle im Jahre 1160 der Christianisierungsprozeß mit aller Macht einsetzte. Ob sich Friedrich Franz seiner langen Ahnenreihe so sehr bewußt war wie später sein Enkel Friedrich Franz II., müssen wir dahingestellt sein lassen. Vielleicht hatte er auch viel zu viel zu tun und zu hohe Ansprüche an das Leben, als daß ihn solche genealogischen Überlegungen besonders interessierten. Zunächst einmal stürzte seine Thronfolge die braven Ludwigsluster Bürger in große Ängste – vielleicht würde der neue Mann die Residenz wieder nach Schwerin zurückverlegen? Eigentlich war es ja auch widersinnig, daß die Hauptstadt Schwerin und die Residenz Ludwigslust nebeneinander existierten mußten. Hatte der fromme Friedrich in der Hauptstadt regierungsamtliche Sachen zu erledigen, brauste er mit einer Extrapost gen Norden die lange, fast schnurgerade Allee entlang. In Ortkrug wurden die Pferde gewechselt, und in fünf Viertelstunden erreichten Durchlaucht Schwerin. Nur schnell die Geschäfte erledigt, und flugs wieder zurück in die Idylle mit dem weißen Schloß und der tempelhaften Kirche und all den Kaskaden und Wassersprüngen. Dienernde Schranzen mit Aktenbündeln unter dem Arm wurden barsch in die Residenz befohlen. Dort aber, in dem natürlich nur mit Anführungszeichen zu verstehenden „Mecklenburgischen Versailles", wo sich alles nach der Hofetikette und nach der „Fürstlich-Mecklenburgischen Rangordnung" von 1704 zu richten hatte, durften sie antichambrieren und frieren. Der Audienzsaal im Schloß war unheizbar. Nein, Friedrich Franz blieb traditionsgemäß in Ludwigslust. Er enttäuschte die Schweriner und beruhigte die Ludwigsluster und begann auf eine für die meisten Mecklenburger ungewohnt forsche Art zu regieren. Nicht, daß er etwa ein Despot gewesen wäre! Keineswegs. Ihm lag an Fortschritt und bürgerlichem Fortkommen im Lande. Er mochte den pietistischen Mief, den sein Oheim durch allerlei absonderliche Einfälle verbreitet hatte, nicht so gerne riechen und galt den Geistlichen bald als zwar nicht gerade gottlos, aber doch auch nicht besonders fromm. Er schickte also lieber seine Höflinge und seine Frau in die Kirche. Sie, Luise von Sachsen-Gotha-Roda, gebar ihrem Gemahl vier Söhne und starb 1808. Der Herzog ging keine zweite Ehe ein, obwohl er sicher keine „schlechte Partie" war und auch nicht übel aussah. Ein Gemälde aus etwa jener Zeit zeigt den breitschultrigen Herrn recht prunklos. Eher lässig hat Friedrich Franz den rechten Daumen in die Knopfleiste seines Galafracks gehakt. Das ganz familientypische Gesicht (alle mecklenburg-schwerinschen Herzöge hatten große ausdrucksstarke Augen mit leichtem Hang zu Basedow) mit der Stirnglatze, die durch einen gepflegten Backenbart ausgeglichen wird, und dem run-

*Friedrich Franz I., im Hintergrund das Doberaner Münster,
Lithographie*

den Kinn unter festen Lippen und langer, schmaler Nase macht einen vertrauenerweckenden Eindruck. Der Herzog trägt mehrere Orden, ich kann sie nicht alle deuten. Das Titulatorium des Mecklenburg-Schwerinschen Staatskalenders nennt den preußischen Roten Adlerorden, den russischen St.-Andreas-Orden, den dänischen Elephantenorden und noch eine ganze Reihe anderer hoher Auszeichnungen für Friedrich Franz. Denn die Fürsten Europas verliehen sich bei ihren gegenseitigen Besuchen stets und gern Orden vielerlei Art. Die wohl ehrenvollste Auszeichnung ist die breite Seidenschärpe mit dem Malteserkreuz, dem Zeichen weltweiter christlicher Nächstenliebe. Dieses Kreuz wird 1876 in das Wappen der nunmehrigen Stadt Ludwigslust aufgenommen werden als ein Zeichen für die Gründung des bis heute bestehenden Stifts Bethlehem.

Ludwigslust also, wie schon gesagt, darf sich auch nach dem Regierungsantritt Friedrich Franz' I. im Glanz der Residenz sonnen. In den insgesamt 52 Jahren seiner Regierung hat sich der Fürst allerdings nicht immer hier aufgehalten. Sowohl politische Ereignisse als auch seine gesellige Natur hinderten den Herrscher aller Mecklenburger daran. So bildete sich im Laufe der Jahrzehnte die liebe Gewohnheit heraus: Ludwigslust (nach Mitteilung einer Hofdame schon damals in liebevoll-abschätziger Mischung „Lulu" oder gar französisch ausgesprochen „Lülü" genannt) hatte für die Zeit zwischen spätem Herbst und spätem Frühjahr zu genügen. Kaum hob sich Aurora einigermaßen wärmend über die obotritischen Gefilde, entfleuchte man in die „Doberaner Saison". Dies war nun des Fürsten liebstes Kind, oder, besser: waren seine liebsten Kinder: der „Heilige Damm", wo er 1793 auf Anregung seines Hof-und Leibarztes Prof. Dr. Samuel Vogel das erste deutsche Seebad gründete, die Spielbank in Doberan, wo er manchen Taler verlor, aber auch manchen gewann durch die Steuer, die auf dem Spiel lag, und die Rennbahn, die sich zwischen dem kostbar ausgebauten Münsterort und dem neuen Seebad auf halber Strecke befand. Die Reste dieser Rennbahn, die glanzvolles englisches Tattersall ebenso erlebte wie derbes mecklenburgisches Bauernrennen, sind bis heute in sternförmigen Alleepflanzungen zu erkennen. Bald kommt sie wieder, die „Doberaner Rennsaison" – vielleicht schon 1993, wenn Deutschlands ältestes Seebad seinen 200. Gründungstag begeht.

Bad Doberan, Lithographie, 19. Jh.

Über die Kindheit und Jugend Friedrich Franz' ist recht wenig bekannt. Zunächst wurde er „unter den Augen der fürstlichen Eltern" von einem „Gouverneur" erzogen.

Der sehr produktive und als Porträtist auch geschickte Hofmaler Georg David Matthieu schuf 1767 ein recht beeindruckendes Doppelporträt des elfjährigen Prinzen und seines „Gouverneurs", des Kammerherrn von Usedom. Da man bei Hofe auf die Ähnlichkeit der porträtierten Personen stets großen Wert legte, dürfen wir das Bild wohl als Dokument betrachten. Wir können da eine ganze Reihe von Informationen herauslesen. Zunächst der Lehrer – schlank, großgewachsen, trotz der Ernsthaftigkeit seines Berufes eine immerhin lässige Erscheinung, gekleidet nach der üppigen Mode des Rokoko, stützt sich Herr von Usedom mit dem rechten Ellenbogen auf einen Globus; das Gesicht ist zu dem noch um zwei Köpfe kleineren Knaben herabgewandt und trägt in seinen Zügen vertrauliche Heiterkeit. Mit der Linken weist der Lehrer auf eine Landkarte. Der Schüler hat, nachdenklich vielleicht, Kopf und Ellenbogen aufgestützt und blickt, über den Globus hinweg, zu seinem Erzieher auf. Auch er drückt in seiner Körperhaltung eine natürlich-lässige Eleganz aus. Das linke Spiel- ist übers rechte Standbein gewinkelt, der linke Fuß im Schnallenschuh berührt spielerisch eben den Boden. Ich habe selten Fürstenporträts von solcher Leichtigkeit gesehen. Die ganze Szene drückt die fast fröhliche Stimmung dieser Unterrichtsstunde aus; es scheint beiden Spaß zu machen, sich mit der Geographie zu beschäftigen. Der Globus steht für die Weltoffenheit, die Landkarte – sie stellt Mecklenburg dar – für den engeren Lebensbezirk. Ob es dem Prinzen gelingen wird, beides, Welt und Mecklenburg gleichermaßen im Blick zu behalten?

Übrigens war es ganz normal, daß der Erzieher seinen Schüler auch begleitete, als dieser für sechs Jahre zunächst nach Lausanne und dann nach Genf reiste, wo Friedrich Franz „seine wissenschaftliche Ausbildung fortsetzte und vollendete". So beschreibt es einer der Biographen des späteren Großherzogs, der Rostocker Literaturprofessor Hans Rudolf Schröter in Voigts „Deutschem Regenten-Almanach" 1827. Leider fehlen nähere Hinweise, mit welchen Gegenständen und Fächern der Zögling sich dort zu beschäftigen hatte. Auch in späteren Biographien ist das nicht auszumachen. Aber Kameralistik, Rechtslehre, Geschichte, Mathematik und Sprachen werden ganz sicher dazugehört haben. Als Friedrich Franz 1771 als Fünfzehnjähriger nach Mecklenburg zurückkehrte, wurde er, so Schröter, „sehr früh zu den Geschäften erzogen und unter Anleitung des Herzogs Friedrich . . . mit der Geschichte und Verfassung des Landes aufs Innigste vertraut" gemacht. Ob sich Friedrich Franz unter der „Anleitung" seines Onkels so unbedingt wohl fühlte, müssen wir dahingestellt sein lassen. Als Einzelkind standen ihm keine geschwisterlichen Spiel- und Streiche-Kameraden zur Verfügung. Er wuchs also in einer relativ isolierten Erwachsenenwelt heran und mußte sich schon, fast selbst noch ein Kind, mit solchen vertrackten Gegenständen wie der mecklenburgischen Verfassung, dem „Landesgrundgesetzlichen Erbvergleich" von 1755, beschäftigen. Um ihn herum war die merkwürdige, leicht abseitige Welt dieses abgelegenen Höfchens „mitten im Sande", in einer melancholischen, einödehaften Landschaft, der „Griesen Gegend". Gewiß, sein Onkel war ein

*Friedrich Franz (der spätere erste Großherzog von
Mecklenburg-Schwerin) und sein Gouverneur von Usedom,
Gemälde von Georg David Matthieu, 1767*

Friedrich Franz I. und Louise von Sachsen-Gotha mit ihren Kindern,
Gemälde von Daniel Woge, 1788

ehrenhafter Mann, allzu ehrenhaft vielleicht gar, der in Schwerin das Thea-
terspiel verboten hatte und die Aktfiguren auf den allegorischen Bildern
der Sammlung seines Vaters mit Kleidern übermalen ließ. Das mag ans
Anekdotische grenzen, aber es trifft die pietistische Lebenshaltung Friedrichs des Frommen ziemlich genau. Auch das eifrige Bemühen um die Kir-
chenmusik und die Hofkapelle, denen der Onkel sich leidenschaftlich
verschrieb, wird dem Neffen nicht besonders aufgeheitert, vielleicht gar
auf die Nerven gegangen sein. Wir wissen es nicht, wir können es nur
vermuten. Die Biographien der fürstlichen Personen, die uns zugänglich
sind und deren Hauptanteil bereits im 19. Jahrhundert entstand, schwei-
gen sich aus über solche intimen Dinge im Familienleben der Herzöge.

16

Jedenfalls entschädigte sich Friedrich Franz später mit allerhand Liebhabereien (und Liebhaberinnen, wie man in Hofkreisen und Bürgerstuben flüsterte) für seine etwas „dröge Jugendwelt" im Schloß zu Ludwigslust. Die erste Entschädigung hieß Louise. Sie war zwar ein knappes Jahr älter als ihr Bräutigam Friedrich Franz, aber doch auch erst neunzehn Jahre alt, als die beiden am 31. Mai 1775 miteinander verheiratet wurden. Der Ehe entsprossen in schneller Folge vier Söhne. Auf einem Familienbild, das der Maler Daniel Woge 1788 malte, sieht man sechs Kinder, vier Söhne und zwei Mädchen. Wo kommen die Mädchen her? Der Staatskalender verzeichnet sie in keiner seiner Stammtafeln, obwohl die gestrengen Redakteure sonst selbst die bei oder gleich nach der Geburt gestorbenen Kinder in den Tabellen aufgeführt haben (so zum Beispiel Alexander, 6. Kind aus der 1. Ehe Friedrich Franz' II., geboren und gestorben am 13. August 1859). Waren es Wunschkinder? Die Herzogin Louise macht auf Woges Bild den Eindruck einer braven Hausfrau und Mutter. Sie sitzt, schon früh matronenhaft in die Breite gegangen, üppig im zeitüblichen Rauschekleid im Lehnstuhl, und Friedrich Franz steht in voller Größe, mit Staatsfrack, Schärpe und Ordensstern, im Mittelpunkt des Ganzen und macht eine ausholende Gebärde, als wollte er sagen: Na, also! Übrigens sind auch hier ein Globus und eine Landkarte zu sehen, und ein Hermelinpelz als Insignium königlicher Würde ist am linken Bildrand nachlässig über eine Stuhllehne geworfen, so wie ein Kutscher seinen Radmantel über einen Kneipenstuhl wirft. Allerhand Seltsames in einem nicht überzeugenden Bild. Ob es dem Auftraggeber gefiel?

Aber wir haben vorgegriffen. Kurz vor dem zehnten Hochzeitstag des Thronfolgerehepaares starb am 24. April 1785 Herzog Friedrich der Fromme, und damit begann der eigentliche „Ernst des Lebens" für Friedrich Franz, es begann aber auch eine in jeder Hinsicht fruchtbare Öffnung nach allen Seiten. Der Herzog, zum Zeitpunkt seines Regierungsantritts immerhin schon 29 Jahre alt und dreifacher Vater, war kein grüner Junge mehr (wie später sein Urenkel F.F. II., der mit achtzehn auf den Thron mußte). So konnte er mit Gelassenheit an die Probleme herangehen, die von Friedrich dem Frommen gewissermaßen unerledigt zurückgelassen worden waren. Nun wurden endlich die seit 1734 an Preußen verpfändeten

Domanialämter Wredenhagen, Marnitz, Eldena und Plau vom preußischen König Friedrich Wilhelm II. zurückgekauft – für stolze 172 000 Taler in Goldwährung. Der fromme Friedrich und der preußische Friedrich hatten sich darüber nicht einigen können, ihre Nachfolger schafften es schneller. Auch der bis heute verwunderliche Beschluß Friedrichs des Frommen, in Bützow eine neue Universität zu gründen, um die seinen Intentionen unfolgsame Rostocker Universität abzustrafen, wurde rückgängig gemacht – 1789 wurde die „Fridericiana" zu Bützow aufgehoben, nachdem sie 29 Jahre hindurch eine pittoreske Existenz geführt hatte. Mit Rostock einigte sich der „neue Mann" mit Hilfe eines erneuerten Vergleichs zwischen der Hansestadt und dem Fürstenhaus, nachdem beide seit Generationen in endlosen Streitigkeiten über die Freiheiten der Seestadt und die Rechte des Herzogs gelegen hatten. Nun kriegte die Rostocker Universität alle Rechte und Privilegien zurück. Dafür erkannte Rostock die Landeshoheit an. Das war von beiden Seiten mit Zugeständnissen versehen, bot aber Anlaß zum Feiern. So gab es einen prächtigen Ein- und Auszug des Herzogs zu Rostock, und es mangelte nicht an Freibier, Böllerschüssen und Girlanden. Daß die Beziehungen zwischen der Stadt und der Landesobrigkeit trotzdem später immer wieder einmal getrübt waren, muß keinen wundern – das lag an der alten hansischen Tradition der Hafenstadt und ihren selbstbewußten bürgerlichen Bewohnern, die sich nur ungern von den Herren der Schweriner Regierung und vom Fürsten in seinem hinterwäldlerischen Residierdorf – so zeitgenössische Presseterminologie – in die Angelegenheiten ihrer Stadt hineinreden ließen.

Überhaupt hatten die Herzöge und späteren Großherzöge von Mecklenburg-Schwerin und Mecklenburg-Strelitz ständigen Ärger mit der Ritterschaft und den Städten. Um das zu verstehen, müssen wir nun notgedrungen ins Dornengestrüpp der Verfassungsgeschichte vordringen. Wir benutzen dazu als Leitfaden den von Helge Bei der Wieden bearbeiteten Band 13 des „Grundrisses zur deutschen Verwaltungsgeschichte 1815 – 1945", der beim Herderinstitut in Marburg 1976 erschien und Mecklenburg behandelt. Bei der Wieden zitiert ausführlich die allgemeine Einführung zu Niekammers Güter-Adreßbuch, Band 4, das 1908 in Stettin herauskam.

Als einer der besten lebenden Kenner der mecklenburgischen Verfassungs- und Verwaltungsgeschichte hat er wohl auch keine knappere und verständlichere Darstellung dieses vertrackten Gegenstandes finden können. Deshalb schließe ich mich ihm, hier und da kürzend, gern an. Was nun, in Kursivschrift gesetzt, hier folgt, muß natürlich mit dem ironischen Abstand des Gegenwartsbürgers gelesen werden; die Ironie jedoch sollte nicht vergessen machen, daß auch dies einmal Gegenwart war und das Land über Jahrhunderte prägte.

Die für beide Großherzogtümer geltende landständische Verfassung fußte auf der Union der Prälaten, Mannen und Städte der mecklenburgischen Lande vom 1. August 1523, dem Haus- und Erbvertrage von 1701 und dem landesgrundgesetzlichen Erbvergleich vom 18. April 1755, und verbindet beide eng miteinander. (. . .) Beide Großherzoge bekennen sich zur evangelischen-lutherischen Konfession, und in beiden Ländern erfolgt die Großjährigkeitserklärung bei Vollendung des 19. Lebensjahrs. Wie auch anderwärts gibt es in Mecklenburg das Prinzip der Gleichberechtigung aller Staatsbürger vor dem Gesetze, und die Staatsämter sind allen auf gleiche Weise zugänglich, wiewohl die adligen und bürgerlichen Rittergutsbesitzer große Real- und Personalrechte haben, wie zum Beispiel das Landstandsrecht, die Jagdgerechtigkeit und in Fällen auch das Patronatsrecht. Während im Domanium die Großherzoge die einzigen und alleinigen Gesetzgeber sind, ist für die Territorien der Ritterschaft und der Städte sowohl die Gesetzgebung als auch Verwaltung auf die Mitwirkung der Landstände, der Grundherren dieser Territorien, angewiesen. Die Landstände beider Großherzogtümer bilden seit 1528 eine gemeinschaftliche Körperschaft, die „Landesunion", und der Landtag ist die maßgebende, gesetzgebende Körperschaft für beide Großherzogtümer. Der Landtag setzte sich zusammen aus: a) der Ritterschaft, zu der alle landtagsfähigen Besitzer ritterschaftlicher Hauptgüter (. . .) gehören, also die adeligen und bürgerlichen Besitzer . . .; b) der Landschaft, welche die Obrigkeiten sämtlicher landtagsfähigen Städte umfaßt (. . .); c) als Vertreterin des Domaniums der Regierung, die zwei Vertreter (Kommissarien) zum Landtage entsendet, die den Landtagssitzungen selbst nicht beiwohnen, sondern nur die Regierungsvorlagen dem Land-

*tage übergeben. (. . .) Hierbei muß besonders berücksichtigt werden, daß
jeder Gutsbesitzer dasselbe Stimmrecht hat wie jede einzelne Stadt. (. . .) Die
beiden Großherzöge nebst ihren Regierungen sind durch drei landesherrli-
che Landtagskommissarien vertreten, die jedoch an den Landtagsverhand-
lungen selbst nicht partizipieren dürfen, sondern nur die landesherrlichen
Vorlagen den Erblandmarschällen zu übergeben und mit diesen deren ge-
schäftliche Behandlung zu besprechen haben. –*

Als Christian Ludwig II., Friedrich Franz' Großvater, die solcherart aus-
gestattete „Verfassung" 1755 mit den Ständen vereinbarte, begab er sich
damit der letzten Möglichkeit, ein absoluter Fürst zu werden wie Friedrich II. von Preußen oder August von Sachsen, der Lendenstarke.
Mit einer solchen Verfassung bekamen die Grundherren die wirkliche
Macht in die Hand. Gegen sie konnte kein Herzog und Großherzog anre-
gieren – was die Ritter wollten, geschah, und was die Ritter nicht wollten,
geschah nicht. Wir werden noch bedrückende, aber auch erheiternde
Beispiele kennenlernen. Und „das Volk, der große Lümmel" (Heine),
greinte es ? Und womit lullte man es ein ? Ihm war der „Landesgrundgesetzliche Erbvergleich" zunächst einmal unverständlich, weshalb es den
Galimathias auf zwei Paragraphen verkürzte: „Paragraph eins: Allens
bliwwt bi'n Ollen. Paragraph zwei: Nix ward ännert." Fritz Reuter nahm
diese in ihrer zutreffenden Originalität nicht zu leugnende Volksstimme
später mehrfach abwandelnd in sein Werk auf.
Mit einer derartigen Verfassung also sollte unser Friedrich Franz nun fer-
tigwerden. Die zahllosen Streitigkeiten, die sich im Verlaufe seiner langen Regierung aus Verfassungsgründen zwischen ihm und der Ritterschaft
ergaben, können wir nicht alle benennen. Wir werden uns deshalb auf
einige wenige beschränken.
Zunächst indessen, nachdem die mecklenburgischen Lande von dem
Donnergrollen der Französischen Revolution ziemlich unberührt geblieben waren – der „Butterkrieg" zu Rostock im Jahre 1800 und die „Gän-
serevolution zu Bützow" anno 1794 boten eher Anlaß zu erheiternder li-
terarischer Verklärung –, kam nun doch die Weltgeschichte in Gestalt
Napoleon Bonapartes drohend über die Herzogtümer – die „Franzosen-

tid" brach an oder, besser, aus. Auch wenn Fritz Reuter die Ereignisse später gleichfalls erheiternd verklärte, so waren diese Jahre weder für das einfache Stadt- und Landvolk noch für seinen Fürsten ein Zuckerlecken. 1806, nach der Doppelschlacht bei Jena und Auerstedt, rettete sich Blücher mit knapper Not, einen traurigen Rest der preußischen Armee, etwa 20 000 Mann (nach Otto Vitense), mit sich führend, nach Mecklenburg. Die Franzosen, noch in der besten Siegerlaune, folgten dem Marschall Vorwärts auf dem Fuße. Kleinere Schlachten (bei Nossentin am 1. November 1806) und Geplänkel (bei Schwerin an der Fähre am 4. November 1806) zwangen Blücher zur beschleunigten Retirade nach Lübeck, was ihm aber nichts nützte. Die drei französischen Marschälle Bernadotte, Murat und Soult stellten ihn in einem Gefecht bei Ratekau und zwangen ihn zur Kapitulation. So verrückt wie seine späteren Kollegen, die das Wort vom „letzten Blutstropfen" und von der „letzten Patrone", ja gar vom „letzten Mann" im Munde führten, war Blücher nicht.

Nun, nicht nur Blücher retirierte, auch Friedrich Franz I. und seine Familie suchten das Weite. Mecklenburg war praktisch von den Franzosen erobert. Das damals zu Dänemark zählende Altona bei Hamburg bot sicheres Exil; am 8. Januar 1807 traf der Herzog dort ein. Erst nach dem Frieden zu Tilsit kam Friedrich Franz am 11. Juli 1807 nach Mecklenburg zurück, trat wieder in seine Rechte als Landesherr ein und hielt festlichen Einzug im Schloß zu Schwerin. Die angeordnete Armenspeisung und der donnernde Salut vermochten das von Plünderungen und Einquartierungen gebeutelte Volk vielleicht „begäuschen", aber sie konnten doch nicht darüber hinwegtäuschen, daß dieser Friede nur eine Fata Morgana war. Die Bilder und Kunstgegenstände, die Meißner Tassen und Teller, die auf Befehl des Usurpators aus dem Schweriner Schloß geraubt und nach Paris gebracht worden waren, kamen erst 1815 zurück, und Friedrich Franz mußte sich bequemen, am 22. März 1808 dem Rheinbund beizutreten, den Napoleon sich ausgedacht hatte, um die niedergeworfenen Regenten zu seinen notgedrungenen Verbündeten zu machen. Mecklenburg mußte 2 300 Mann Truppen stellen, Schwerin allein 1 900. Sie zogen mit Napoleon nach Rußland. Die wenigsten sind zurückgekehrt; die meisten von ihnen bissen in eine Grassorte nichtmecklenburgischer Provenienz. Trotzdem hat sich die Anekdote auch dieses höchst blamablen Vorgangs bemächtigt. Ludwig Reinhard erzählt: „Als unsere mecklenburgischen Truppen unter Napoleons Fahnen mit nach Rußland ziehen sollten, wurden sie eines Tages auch durch den Kaiser gemustert. Himmelkreuzbombenelement! schrie der kommandierende General de Fallois, was soll das werden, wenn diese mecklenburgischen Bauerntöffel morgen Vive L'Empereur! schreien sollen. Da half ihm der Regimentskommandeur, ein Herr von Tarnow aus der Gegend von Wittenburg, aus der Klemme. Jungens! rief er vor der Front der angetretenen Soldaten. Jungens! Kennt Ji 'n oll Wief? – Jäwoll, Häleitnant! – Un kennt Ji 'n oll Lamp? – Jäwoll, Häleitnant! – Un kennt Ji 'n oll Rühr an 'ne Piep? – Klor, Häleitnant! – Na, denn raupt dat man quantwies nah'nanner: Wief – Lamp – Rühr! So taten sie es denn, als der Korse sie inspizierte, und dieser war sehr erstaunt, daß die mecklenburgischen Bauerntöffel so gut französisch konnten, legte die Hand an sein weltbekanntes Hütchen und sprach: Salut! Salut!"

In der Zwischenzeit war die Herzogin Louise am 1. Januar 1808 gestorben. Ein Jahr nach ihrem Tode ließ Friedrich Franz seiner Frau im Ludwigsluster Schloßpark ein Mausoleum errichten. Baumeister Barca entledigte sich seiner Aufgabe klassizistisch-ägyptisierend. Im gleichen Jahr bekamen auch die Katholiken einen eigenen Gottesdienstraum – die von Seydewitz als wohl erster Bau der Neogotik auf einer kleinen Insel im Schloßpark zu Ludwigslust errichtete zierlich-filigrane Katholische Kirche wurde geweiht. Für das Bauwerk bestand ein wirklicher Bedarf, da unter den Hofkünstlern viele Franzosen und Italiener waren. Es ist überhaupt erstaunlich, wie trotz der wirren Zeiten die Kunst am Hofe des Herzogs blühte. 1803 war Louis Massoneau als Leiter der Hofkapelle nach Schwerin gekommen. Auch vorher schon hatten bedeutende europäische Musici diesen Posten inne, darunter Johann Wilhelm Hertel und Antonin Rösler-Rosetti. Massoneau führte Buch. Der Schweriner Musikhistoriker Dieter Klett hat durch eine gründliche Durchsicht des erhaltenen „Verzeichniß sämmtlicher Musikstücken welche in den Hof-Concerten, Kirchen etc. durchgeführt worden sind. Von 1803 (bis 1837 !) „erstaunliche Erkenntnisse" gewonnen: „Den Aufführungskatalog Jahr für Jahr durchgezählt, kommt man auf über zweitausend Positionen im Genre des Konzerts und auf dreißig Opern. Mitglieder des Hofes und hochwohlgeborene Gäste wirkten nach besten und wahrscheinlich nicht einmal schlechten Kräften mit." Ungefähr 200 Aufführungen von Werken Mozarts sind nachgewiesen. 1808 wurde erstmals das Requiem aufgeführt; ich nehme an, es galt dem Tode und der Beisetzung der Herzogin Louise. Aber auch der große Kontrabassist Johann Sperger bekam es als musikalischen Nachruf, als er 1812 starb.

Unterdessen, nach vielerlei Querelen innen- und außenpolitischer Natur, kehrte der Krieg nach Mecklenburg zurück. Napoleons Niederlage in Rußland hatte die Voraussetzung für eine breite Volksbewegung geschaffen, der sich auch Friedrich Franz nicht entziehen wollte und konnte. Seit Januar 1813 zogen sich die letzten französischen Besatzungstruppen zurück, erste Kosakenverbände, die, die napoleonische Armee verfolgend, nach Mecklenburg kamen, wurden begeistert aufgenommen. Eine wiederum von Ludwig Reinhard übermittelte Anekdote will wissen, daß, nach heftigen Verbrüderungsfeiern mit den schneidigen, schnauzbärtigen Reitern vom Don, sich bei so mancher Dorfschönen die Folgen nicht länger verbergen ließen. Die Mädchen kamen – so Reinhard – in einem Dorfe zum Schulmeister und baten ihn händeringend, sie in der russischen Sprache zu unterweisen, denn sie wüßten sich keinen Rat, was sonst geschehen sollte, wenn die zu erwartenden Kinder anfingen zu sprechen ... Friedrich Franz wird solche Geschichten gekannt haben. Er tat einen klugen und entscheidenden Schritt, der ihm nicht nur die Anerkennung späterer Historiker, sondern vor allem die seines Volkes eintrug – er entsandte seinen Minister, den Freiherrn von Plessen, nach Berlin und in das russische Hauptquartier. Plessens Botschaft lautete: Mecklenburg-Schwerin erklärt seinen Austritt aus dem Rheinbund. Damit war, wie unser schon zitierter Chronist Schröter es formulierte, „Friedrich Franz der letzte deutsche Fürst, der sich dem verhaßten Joch beugte, und der erste, der, als noch Alles auf dem Spiele stand, ihm stolz und mutig entsagte." Nun muß man nicht annehmen, daß Friedrich Franz nur gewissermaßen „diplomatische" Opfer brachte. Drei seiner Söhne kämpften als Offiziere in der russischen Armee, unter Wallmoden und bei den legendären Jägern, der Erbprinz

Friedrich Ludwig, obwohl schon kränkelnd (er starb 1819), befehligte den Landsturm, und Schröter weiß auch mitzuteilen, daß Friedrich Franz anordnete, das gesamte „herzogliche Silbergeräthe" vom Kaffeelöffel bis zum Tafelaufsatz „in die Münze zu schicken und zu Guldenstücken auszuprägen, mit der Inschrift: Dem Vaterlande." Überall im Lande und an seinen Grenzen war die Begeisterung groß. Der Feind mußte niedergerungen, das Land befreit und befriedet werden. Manchmal indessen schlug das auch in zwielichtiges Partisanentum um, und bei mancher Nachricht aus jener Zeit schaudert uns. Theodor Körner, Sohn eines mit Schiller befreundeten sächsischen Literaten, fiel unter bis heute nicht völlig geklärten Umständen bei einem Scharmützel der Lützower mit einer französischen Transporteinheit. „Von den Burschen soll uns keiner entkommen!" soll er noch ausgerufen haben, ehe er ins Gebüsch bei Rosenberg nahe Gadebusch ritt, wo ihn eine Kugel traf. „Du Schwert an meiner Linken", das etwas martialische Einhau-Lied, hatte er eben am Abend zuvor gedichtet, und angeblich soll er noch im Biwak, eine Stunde vor seinem Tode, eine letzte Strophe angefügt haben, die auch Otto Vitense pflichtgemäß in seiner kleinen „Mecklenburgischen Geschichte" (Leipzig; Göschen, 1912) zitiert:

> „Nun laßt das Liebchen singen,
> Daß helle Funken springen!
> Hurra, die Eisenbraut!
> Der Hochzeitsmorgen graut!
> Hurra!"

Nun, uns graut auch. Wie dem auch sei – das Schwert als Eisenbraut, das Gewehr als die Braut des Soldaten, Karabiner 92 oder Kalaschnikow . . . Auch Frauen griffen zu den Waffen. Preußen hatte seine Eleonore Prochaska, das „Heldenmädchen", die unter dem Decknamen „August Renz" in der Schlacht an der Göhrde niedersank: „Herr Leutnant, ich bin ein Mädchen!", und Mecklenburg steuerte Auguste Krüger bei. Sie stammte aus Friedland. Verkleidet trat sie in ein preußisches Regiment ein. Mit hohen Orden dekoriert, heiratete sie später in der

Potsdamer Garnisonkirche im Beisein des Königs (!) einen Waffen-
gefährten.

Nach dem Pariser Frieden vom 30. Mai 1814 kehrten die mecklenburgi-
schen Truppen am 8. Juli in die Heimat zurück. Friedrich Franz ließ eine
Gedenkmünze und eine Verdienstmedaille schlagen. Diese zeigte ein
Schwert im Lorbeerkranz mit der Jahreszahl 1813 und trug auf der Rück-
seite die Inschrift „Mecklenburgs Streitern FF". Es zeugt für den Gerech-
tigkeitssinn des Fürsten, daß er diese Medaille nicht nur an auserwählte
Heldenbrüste heften ließ, sondern an alle Teilnehmer des Krieges verlieh.
Offiziere bekamen sie in Gold, Mannschaften in Silber. Die Auszeichnung
war an einem blauen Ordensbande zu tragen und wurde in mancher mecklenburgischen Familie als Reliquie aufbewahrt. Wo nicht die Stürme der
Zeit, Inflation, Kriege und Hungerjahre zu ihrer Veräußerung oder zu son-
stigem Verlust geführt haben, mögen sich einzelne Stücke noch heute in
Familienbesitz befinden. Als im September 1814 der Wiener Kongreß zusammentrat, um die Hinterlassenschaften Napoleons und überhaupt Europa neu zu ordnen, entsandte Friedrich Franz seinen Minister, den Freiherrn von Plessen, ihn dort zu vertreten und Mecklenburgs Interessen
wahrzunehmen. Politische Karikaturen und demokratische Köpfe jener
Zeit machten ihre Glossen über diese Zusammenkunft der gekrönten
Häupter Europas, die sich willig, allzu willig von Metternich die Landkarte
Europas neu zuschneiden ließen. Man mußte etwas tun gegen die Unbot-
mäßigkeit der Untertanen. Allzuschnell konnten sie aufmüpfig werden
gegen die Willkür der Obrigkeiten. Noch fünfundzwanzig Jahre nach dem
Kongreß höhnte Hoffmann von Fallersleben:

> „Was sie jeden Tag vollbrachten,
> Ob sie scherzten, ob sie lachten,
>   Wird genau erzählt;
>
> Wie sie standen, wie sie saßen,
> Daß sie tranken, daß sie aßen,
>   Wird auch nicht verhehlt.
> (. . .)

Doch ihr sonstig Tun und Raten –
Was sie für die Völker taten,
 Wird genau verhehlt;

Ob sie sonst was Gutes dachten,
Überhaupt was Gutes machten,
 Wird auch nie erzählt.

Friedrich Franz I. gehörte zu jenen deutschen Fürsten, die für die Wiederherstellung eines deutschen Kaiserreiches eintraten und den Kaiser von Österreich als Oberhaupt eines solchen Gebildes ins Auge faßten. Während man in Wien darüber noch endlos debattierte, ohne sich einigen zu können, platzte die Nachricht von Napoleons Flucht von Elba dazwischen. Friedrich Franz trat für sein Land sofort dem „Bündnis von Chaumont" bei und erklärte dadurch seine Bereitschaft, erneut Truppen gegen den Rückkehrer zu entsenden. Dies geschah auch; wiederum unter dem Kommando des Erbprinzen Friedrich Ludwig schlossen sich sechs mecklenburgische Bataillone dem preußischen Armeecorps des Generals von Kleist an. Allerdings kamen sie nicht zum Kampf, denn noch ehe sie am Rhein eintrafen, hatte Napoleon schon sein Waterloo gefunden. Und ein Mecklenburger war es, der es ihm bereitet hatte – Gebhard Leberecht von Blücher, dem seine Landleute in überschäumender Verehrung jenes Denkmal setzten, das bis heute vor der Universität zu Rostock steht, eine Bronze von Johann Gottfried Schadow, die eine Inschrift Goethes trägt: „In Harren und Krieg / In Sturz und Sieg / Bewußt und groß / So riß er uns / Vom Feinde los." Was wohl Blücher selbst, einer der wenigen, die zu Lebzeiten auf solche Weise geehrt wurden, dazu sagte? Schadows idealisierter Heros mit Marschallstab, Löwenfell und Plempe – es war der Stil der Zeit – trug später sicher viel zur Verklärung des Alten bei. Blücher soll, laut Anekdote, bei der Enthüllung gesagt haben: „Mein Jott . . .". Blücher starb einen Monat später, am 19. September 1819, auf seinem Gut Krieblowitz in Schlesien. Friedrich Franz hat dem Marschall, wo immer er mit ihm zusammentraf, meistens im Sommer in Doberan, stets die größte Ehrerbietung erwiesen. Aus den Doberaner Saisonnachrichten, wie sie von den zeitgenössischen Blättern kolportiert wurden, wissen wir zum Beispiel, daß der Großherzog dem Marschall beim gemeinsamen Betreten eines Raumes stets den Vortritt ließ und sich immer von seinem Stuhl erhob, wenn Blücher ins Zimmer trat. Das hatte zur Folge, daß bei einem Festmahl im Palais zu Doberan die gesamte anwesende Hofgesellschaft aufsprang, als Blücher mit Verspätung zum Bankett erschien. „Danke. Setzen!" knurrte er und griff nach der Serviette.

Genau einen Tag vor der entscheidenden Schlacht bei Waterloo, am 17. Juni 1815, nahm Friedrich Franz die ihm durch den Wiener Kongreß am 27. Mai angetragene großherzogliche Würde an. Damit trat das Haus Mecklenburg in den königlichen Rang ein. Es war eine aufregende und aufgeregte Zeit, durch die sich Friedrich Franz „hindurchregieren" mußte. Dazu kamen auch noch persönliche Schicksalsschläge. Am 29. November 1819 starb Erbgroßherzog Friedrich Ludwig, der erstgeborene seiner vier Söhne, erst 41 Jahre alt. Der war bereits zum dritten Male verheiratet gewesen und hinterließ seine Frau Auguste, die kinderlos blieb, 94 Jahre alt wurde und später als gelehrte alte Dame einen umfangreichen Briefwechsel mit Hölderlin und Lavater führte. Ein Enkel Magnus aus der zweiten Ehe Friedrich Ludwigs war schon 1816 im ersten Lebensjahr gestorben. So blieb für die Thronfolge nur der 1800 geborene Paul Friedrich. Ihn betrachtete Friedrich Franz mit liebevollen Großvateraugen. Er war vielleicht ein wenig zu nachgiebig und großzügig mit ihm, aber so sind liebende Großväter nun einmal . . .

In ewigem Streit mit der Ritterschaft setzte Friedrich Franz eine Reihe von wichtigen Maßregeln durch. Eine „Constitution" bereitete die bürgerliche Gleichstellung der Juden im Land vor (1813). Durch den Beitritt zum Deutschen Bund sahen die Ritter allerdings die Chance, den Großherzog schon 1817 zur Rücknahme dieser Verordnung zu zwingen, da die Bundesakte die Angelegenheiten der jüdischen Minderheit bundeseinheitlich regeln sollte. 1820 wurde, der ritterschaftlichen Proteste wegen mit großer Verspätung, endlich die Leibeigenschaft in Mecklenburg aufgehoben. 1823 erging ein Landschulgesetz, das die beklagenswerte Stellung der Dorfschulmeister wesentlich hob. Allerdings wieder: nur im Domanium. Bei den Rittern wurde weiter harsch geprügelt in den Dorfschulen, und die Lehrer waren ohne wissenschaftliche Bildung. 1824, wieder gegen den Widerstand der Junker, schuf Friedrich Franz mit Hilfe des jungen Arztes Carl Friedrich Flemming und des noch jüngeren Baumeisters Georg Adolph Demmler die erste psychiatrische Klinik im Norden Europas, die Landesirrenanstalt auf dem „Sachsenberg". Er hatte sich den drängenden Vorstellungen der Mediziner, die haarsträubenden Verhältnisse im Zucht-, Werk- und Irrenhaus Dömitz zu verändern, nicht länger verschließen können. Die 1830 eröffneten Hauptgebäude der Klinik beeindrucken noch heute durch ihre bevorzugte Lage über dem Ziegel-Außensee und durch ihre Großzügigkeit und Weitläufigkeit. Außerdem war diese medizinische Einrichtung von baulicher Seite für damalige Verhältnisse sehr modern eingerichtet. Großzügige helle Räume und vor allem Heizungs-, Sanitär- und Badeanlagen waren nach Plänen des Baukondukteurs Demmler eingebaut worden. Überhaupt entstanden nach Plänen dieses jungen Mannes, Sohn eines Güstrower Schornsteinfegermeisters, Schülers der Schinkelschen Berliner Bauakademie und Lieblings des Erbgroßherzogs Paul Friedrich, in den letzten Lebensjahren des Großherzogs Friedrich Franz noch zwei bedeutende öffentliche Bauten in Schwerin. Zunächst wuchs von 1825–1834 unter Demmlers baulicher Leitung das von Schinkel beeinflußte „Kollegien-" oder Regierungsgebäude, heute Sitz der Staatskanzlei, eines der ersten größeren und bedeutendsten Werke Demmlers. In unmittelbarer Nähe errichtete Demmler dann auf den dringenden Wunsch des Erbgroßherzogs Paul Friedrich und mit zögerlicher Billigung des „alten" Fürsten das „Großherzogliche Schauspielhaus". Das ganz im klassizistischen Stile errichtete Großherzogliche Schauspielhaus wurde 1836 fertiggestellt und brannte 1882 ab.

Am 24. April 1835 jährte sich die Thronbesteigung Friedrich Franz' I. zum fünfzigsten Mal. Im ganzen Land, besonders aber in Ludwigslust, wurde dieses Ereignis mit großartigen Feierlichkeiten begangen. In den Gotteshäusern aller Konfessionen gab es Bittgottesdienste für den Jubilar. Hohe und höchste Ehrengäste reisten an; die Potentaten Europas entsandten hohe Würdenträger zur Überbringung ihrer Gratulation. Die Majestäten Rußlands, Englands, Preußens, der Niederlande, Schwedens, Österreichs, die Freien Reichs- und Hansestädte boten ihre Glückwünsche dar. Man

Das großherzogliche Schauspielhaus am Alten Garten, Lithographie, 1842

feierte vier Tage. Zwei Jahre später, am 1. Februar 1837, starb Friedrich Franz, 80 Jahre alt, in seinem geliebten Ludwigslust. Seine sterblichen Überreste wurden zunächst in der Kapelle des Mausoleums für seine Frau Louise im Ludwigsluster Schloßpark aufgebahrt. Dann erfolgte die Überführung nach Doberan. Hier ruht Friedrich Franz I. in dem schlichten, mächtigen Granitsarkophag, der nach Demmlers Entwurf auf der Schweriner Schleifmühle aus heimischen Findlingsblöcken hergestellt worden war, in der großartigen Münsterkirche.

Paul Friedrich
(1800–1842)

Die Originalliteratur über den Großherzog Paul Friedrich ist nicht sehr umfangreich. Neben einem kurzen Artikel in der „Allgemeinen Deutschen Biographie" (ADB), einem anonymen Aufsatz in Raabes Jahrbuch „Mecklenburg" von 1845 und einem Kapitel in Hirschfelds Biographie Friedrich Franz' II. gibt es so gut wie nichts Gedrucktes, höchstens später erzählte verklärende Anekdoten und allerlei Schnurren. Nun ist das an und für sich kein Wunder, denn Paul Friedrich hat nur sehr kurze Zeit regiert und sich fast niemals in politische Angelegenheiten eingemischt. Dafür hatte er seine Minister. Für ihn war Mecklenburg eine traditionelle Monarchie, er stritt sich nicht mit den Rittern herum wie sein Großvater, es gab kaum irgendwelche innen- und außenpolitische Ereignisse, zu denen er sich öffentlich äußerte. Und als die Ritterschaft auf die Vorrechte des eingesessenen Adels pochte, unterzeichnete er ziemlich willfährig ein „Vorläufiges Rescript", das die Vorrechte des Adels gegenüber den bürgerlichen Rittergutsbesitzern festschreiben sollte. Dazu zählte die alleinige Wählbarkeit von Adligen in den „Engeren Ausschuß", das Tragen der ritterschaftlichen Uniform und der Nießbrauch der säkularisierten „Landesklöster", die teilweise zu adligen Fräuleinstifts umgewandelt waren. Das war 1841. Und gleich nach seinem Regierungsantritt hatte Paul Friedrich, was die „Allgemeine Deutsche Biographie" tatsächlich als „politische That" bezeichnet, „freilich widerwillig" sein Einverständnis zu der Eheschließung seiner Halbschwester Helene mit dem Herzog Ferdinand von Orléans gegeben (1837). Warum „widerwillig"? Lag das noch an den schlechten Erfahrungen seines Großvaters Friedrich Franz und seines Vaters Friedrich Ludwig mit den Franzosen? Jedenfalls trat durch diese Verbindung das Haus Mecklenburg in verwandtschaftliche Beziehungen mit dem Hause Orléans ein.

Paul Friedrich war tatsächlich vollständig gegen diese Verbindung. Er teilte die Meinung der meisten deutschen Fürsten, daß sich die Orléans durch den Sturz der Bourbonen und die Proklamation Louis Philippes von Orléans zum König der Franzosen die Krone erschlichen hätten und nicht würdig seien, ebenbürtig in den Kreis der europäischen Herrscher aufgenommen zu werden. Noch kurz vor der französischen Julirevolution 1830 war Paul Friedrich mit seiner Frau Alexandrine am Hof Karls X. in Paris gastfreundlich aufgenommen worden, und nach seinem Sturz hielt sich der König eine Zeitlang sogar in Ludwigslust auf. So konnte jetzt, vielleicht auch aus ganz persönlichen Loyalitätsgründen, Paul Friedrich einer Heirat seiner Halbschwester mit Ferdinand, dem Sohn des „Bürgerkönigs", nicht zustimmen. Dagegen war der König von Preußen, Paul Friedrichs Schwiegervater Friedrich Wilhelm III., schon eher an einer solchen Verbindung interessiert. Ihn bewegten dabei ausschließlich preußische Interessen. Warum sollte eine mecklenburgische Prinzessin nicht, wenn der Bräutigam dereinst seinem Vater auf den Thron folgen würde, Königin von Frankreich werden? Es konnte für Preußen doch nur von Vorteil sein, auf dem französischen Thron eine so enge Verwandte zu haben. So riet Friedrich Wilhelm III. seinem Schwiegersohn Paul in Schwerin, die Angelegenheit doch einfach in die Entscheidungsgewalt der Brautmutter zu legen, der verwitweten Erbgroßherzogin Auguste, und sich selbst aus der Sache herauszuhalten. So geschah es auch; Helene durfte ihren französischen Ferdinand heiraten. Die Vorverhandlungen dazu allerdings mußten nach Paul Friedrichs Willen nicht auf mecklenburgischem, sondern auf preußischem Boden stattfinden, und so kam die alte Hansestadt Perleberg zu der Ehre, Austragungsort einer seltsamen „Farce de Mariage" zu werden, an der ein Molière seine helle Freude gehabt hätte. Am 4. April 1837 trafen der mecklenburgische Minister von Plessen und der französische Gesandte de Bresson in der westprignitzischen Hauptstadt erstmals zusammen, um den Ehevertrag auszuhandeln. Am 25. April sollten, ebenfalls in Perleberg, die Ratifikationsurkunden ausgetauscht werden, aber der Minister von Plessen starb just an jenem Tage, erschöpft und erlahmt in Dienste seiner Großherzöge. So mußte ein Bürgerlicher, man denke!, der Kabinettsrat (zum Zeitpunkt des Geschehens noch Legationsrat) Prosch nach Perleberg reisen, um seine Paraphen unter das Dokument zu setzen. Paul Friedrich hielt sich Augen und Ohren zu. Mochten seine Halbschwester und seine Stiefmutter in diesem preußisch-französisch-mecklenburgischen Dreiecksgeschäft treiben, was sie wollten – ihn ging es nichts an.

Er sah seine Schwester übrigens nie wieder. Sie reiste am 15. April 1837 nach Paris ab, ohne den sonst in solchen Fällen üblichen festlichen Auszug. Dafür wurde sie in Paris jubelnd empfangen. Die „Duchesse Hélène" war nun die Kronprinzessin Frankreichs. Ihr Ehemann Ferdinand starb, wie sein ihm unbekannt gebliebener Schwager Paul Friedrich, 1842. 1848 fegte die Februarrevolution in Paris die Orléans vom Thron. Helene starb 1858.

Paul Friedrich, der mit dem Tod seines Großvaters selbst Großherzog wurde (1. Februar 1837), war fast 37 Jahre alt, als er zur Regierung kam. Er war in vielerlei Hinsicht ein Gegenstück zu seinem Großvater, hatte sicherlich geringere politische Interessen, ein größeres hingegen an Kunst und Wissenschaft. Worin er ihm glich: Auch er liebte Pferde, schöne Frauen, Champagner und Krebse. Die allerschönste und zugleich allerklügste Frau, die Mecklenburg als regierende Fürstin je besaß, holte er sich aus Preußen. Keine Geringere als Alexandrine, Tochter der Königin Luise von Preußen (die ihrerseits wieder eine mecklenburgische Prinzessin gewesen war) und Schwester des späteren Königs Friedrich Wilhelm IV. sowie des Prinzen Wilhelms von Preußen, der als Wilhelm I. später (1871) der erste deutsche Kaiser wurde, nahm Paul Friedrichs Antrag an und heiratete ihn am 25. Mai 1822. Sie brachte nicht nur eine beträchtliche Mitgift in die Ehe, sondern Klugheit, Schönheit, Charme und Lebenslust. Die letztere war es wohl, die Paul Friedrich drängte, seinem Großvater mit ständigen Forderungen nach dem Ausbau der Hauptstadt Schwerin in den Ohren und auf der Tasche zu liegen. Wahrscheinlich war Paul Friedrich schon früh entschlossen, die Residenz nach seinem Regierungsantritt nach Schwerin zurückzuverlegen. Er war eben, im Verhältnis zu seinem biedermeierlich-jovialen Opa, ein „moderner junger Mann", und er hatte diese entzückende junge Frau, die es mehr zum Theater, zu glänzenden Bällen und in die mondänen Bäder zog, als daß sie vielleicht Lust gehabt hätte, Tag für Tag im versunkenen Biedermeier des Ludwigsluster Schloßgartens spazieren zu gehen. Früh schon nahm das Paar seinen Wohnsitz in der alten Hauptstadt des Landes. Freilich war das „Alte Palais" kein Palast, aber das Ziel winkte. Und die Schweriner witterten Morgenluft.

Kein anderer Fürst der mecklenburg-schwerinschen Dynastie hat auf das Aussehen der Landeshauptstadt, wie es sich uns heute darbietet, einen solchen bestimmenden Einfluß genommen wie er. Gewiß, auch sein Sohn, Friedrich Franz II., ließ, besonders am Schloß, eifrig bauen. Aber die Ideen stammten zumeist von Paul Friedrich, auch wenn er ihre Realisierung nicht mehr erlebte. Wenn Friedrich Franz I. für den augenscheinlich tüchtigen Baumeister Demmler im Jahre 1835 aus Anlaß der Feierlichkeiten zum fünfzigsten Regierungsjubiläum den Titel „Landbaumeister" zu vergeben hatte, so sattelte Paul Friedrich gleich bei seinem Regierungsantritt nach und erhob seinen Freund Demmler zum Hofbaumeister. Wenn wir hier das Wort „Freund" verwenden, so mag man sich ruhig wundern, indessen war der Fürst von den Fähigkeiten seines Architekten nicht nur überzeugt, sondern pflegte zugleich einen vertrauten Umgang mit dem vigilanten, weltgewandten und manchmal gar obstinaten Architekten. So, wie der Baumeister seinem Fürsten gefiel, gefiel der Fürst seinem Baumeister. Paul Friedrich war ein gebildeter Mann. Er hatte nicht nur, wie es die Hofetikette vorschrieb, seine Grundausbildung in Genf (1814–1818) absolviert, sondern anschließend in Jena und dann an der Landesuniversität Rostock Jura und Kameralistik studiert. Schon das mochte Demmler gefallen; dieser Fürst hatte einen wachen Verstand und eine merkwürdige, von keinem seiner Vor- und Nachfahren erreichte Popularität, und er sprach ein reines Plattdeutsch.

Unvergessen sind im Gedächtnis der Schweriner und in den Überlieferungen der Nachkommen die Bälle Paul Friedrichs, die sogenannten Subskriptionsbälle, die er im Theater veranstalten ließ, und an denen Schweriner, ob adligen oder bürgerlichen Standes, in Eintracht teilnahmen und sich vergnügten.

Daß Paul Friedrich auch ein Bonvivant war, konnte Demmler nur recht sein. Der Himmel allein weiß, wieviele Hummern und Täubchen sie gemeinsam verdrückten, wievielen Flaschen trockenen Mosels sie den Hals brachen und welche pikanten Histörchen sie sich im Herrenkreise erzählten, wenn die Damen, die fürstlichen wie die bürgerlichen, diskret zu Bette gegangen waren. Als Paul Friedrich seinen Wohnsitz nach Schwerin verlegte, baute Demmler seinem künftigen Chef das Alte Palais am Alten

Großherzog Paul Friedrich,
Gemälde von Theodor Schloepke, 1843

*Großherzogin Alexandrine mit ihren Kindern Friedrich Franz
und Wilhelm, Gemälde von Wilhelm Schadow, vor 1830*

Garten passend um, einen kleinen Saal fügte er rückwärtig an, verbesserte die innenarchitektonische Situation des bescheidenen Gemäuers, konstruierte ein großherzogliches Schlafgemach (etwa über dem heutigen Durchgang von der Schloßstraße zur Theaterstraße) und machte dem erbgroßherzoglichen Paar alles so bequem wie möglich. Paul Friedrich dankte es ihm mit unbegrenztem Vertrauen und mit zahlreichen persönlichen Vergünstigungen, wozu auch die unentgeltliche Zuteilung der Baumaterialien für Demmlers Wohnhaus am Pfaffenteich zählte. Margot Krempien schreibt in ihrer Demmler-Biographie: „Dieses enge persönliche Verhältnis zwischen Demmler und dem Großherzog Paul Friedrich veranlaßte die öffentliche Meinung in Mecklenburg dazu, in Demmler einen Minister, ‚sans Portefeuille' zu sehen und in manchen volkstümlichen Maßregeln des Fürsten Demmlers Einfluß zu vermuten." Das trifft sicher zu. Man kann nur spekulieren, was geworden wäre, wenn Paul Friedrich etwa, wie zuvor sein Großvater oder später sein Sohn, ein Halbjahrhundert hätte regieren können . . .

So ist die Regierungszeit Paul Friedrichs als die Geburtsstunde des spätklassizistischen Schwerin, wie es sich uns heute optisch darbietet, zu verstehen. Alles mußte erneuert werden; die Stadt, der nicht nur kleinbürgerlicher Mief, sondern auch die Vernachlässigung während der über siebzigjährigen Abwesenheit des Hofes sichtbar anhingen, mußte zu einer für die damaligen Verhältnisse modernen Residenz ausgebaut werden. Dazu gehörte zunächst ein „anständiges Hoftheater". Das hatte Paul Friedrich seinem Großvater schon 1832 abgetrotzt. Dazu gehörte natürlich auch ein passabler Marstall. Den setzte Demmler mit erstaunlicher Kühnheit auf die flache, nur wenige Zentimeter über dem Spiegel des Großen Sees liegende Wadewiese. Der Marstall und das 1840 begonnene Arsenal, beides Bauwerke von ausladender Größe und beeindruckender Geschlossenheit, werden gelegentlich als „etwas verrückt" oder gar als „größenwahnsinnig" bezeichnet. Dem mag der Autor nun gar nicht zustimmen.

Warum sollte Mecklenburg-Schwerin nicht auch eine respektable Residenz haben? War er, Paul Friedrich, schließlich nicht ein Enkel des Zaren und ein Abkömmling des letzten slawischen Fürsten im westlichen

Schwerin am Pfaffenteich, Lithographie, 19. Jh.

Europa? Waren seine Verwandten nicht Könige, Großherzöge und Prälaten? War seine Frau nicht die Tochter der Königin Luise, die die Völker der Preußen und der Mecklenburger mit fast selbstvernichtender Trauer 1810 zu Grabe getragen hatten? Wenn Mecklenburg aus seinen ständischen Verhältnissen herausgerissen werden sollte, mußte es, so dachte Paul Friedrich wohl, erst einmal eine anständige Hauptstadt haben. Das verträumte und versponnene Ludwigslust taugte dazu nicht.

Bemerkt werden muß an dieser Stelle übrigens noch, daß es Paul Friedrich war, der sein Landeskind Fritz Reuter, den Sohn des tüchtigen Stavenhäger Bürgermeisters Georg Reuter, aus den preußischen Festungen holte und ihm ermöglichte, seine Strafe bis zur Begnadigung 1840 in Dömitz unter sehr liberalen Umständen abzubrummen. Natürlich hatten damals weder Reuter selbst noch irgendwer, der Großherzog schon gar nicht, eine Ahnung, was aus diesem Gefangenen einmal werden sollte. Als

staatsgefährlicher „Demagoge" hatte Reuter insgesamt sieben Jahre Fe-
stungshaft verbüßen müssen, ehe ihm Paul Friedrich das „Doemser Lock"
öffnete und ihn gnädig laufen ließ. Zuvor hatte der Großherzog seinem
Schwiegervater auf ständiges Insistieren des Bürgermeisters Reuter den
Staatsgefangenen abgehandelt. Aus dieser wahrhaft „landesväterlichen"
Tat Paul Friedrichs erklärt sich gewiß die milde, fast ehrerbietige Haltung,
die Reuter später, längst zu Ruhm gelangt, den Großherzögen entgegen-
brachte, wo er doch sonst so unerbittlich und rigoros gegen die mecklenburgischen Junker anschrieb.

Paul Friedrich war sicherlich kein begnadeter Politiker. Er sah sich eher
als Volksfürst, und alles, was ihn in dieser Selbsterkenntnis bestärkte, das
gefiel ihm. Die Anekdote hat zahlreiche Verklärungen geliefert, die man
auf ihren rationalen Kern reduzieren muß. Nur zwei Beispiele, beide sicherlich erfunden, aber, wie bei Anekdoten ganz in der Regel, irgendwo
treffend.

Beispiel No. 1:

Ludwig Reinhard erzählt (und er ist verläßlich) die Geschichte von der
Alten, die gekommen war, den einzigen Sohn und Ernährer vom Militärdienst freizubitten. Paul Friedrich: „Worüm sall he denn nich Suldat war-
den, Ollsching, ik bün doch ok Suldat!" Darauf die Alte: „Je, Herr Herzog, Se hebben jo ok niks liehrt, oewer min Soehn is 'n Snieder!"

Beispiel No. 2:

Die gute Stadt Schwaan empfing den Großherzog zu einer Visite. Alles war
in heller Aufregung. Der Torschreiber erbat die Gnade, daß sein blinder
Sohn den Großherzog begrüßen dürfe. Er wolle die Züge seines Landesherrn abtasten, um sich ein Bild von dessen Aussehen zu machen. Die
Hand des Knaben, so berichtet das lokale Blättchen, sei dabei naß geworden . . .

Das sind so rührselige Geschichten. Paul Friedrich selbst hat sie nicht
dementiert, und seine schöne Frau Alexandrine, die ihm zwei Söhne gebar, auch nicht. Sie, die ihren großmütigen Gatten um fast ein Menschen-
alter überlebte und in ihrem „Alten Palais" auch dann noch wohnen
blieb, als ihr Sohn Friedrich Franz II. längst das phantastische Schloß auf

der Schloßinsel hatte umbauen lassen, sie, die nach und nach zur Legende wurde und als die „alte Hoheit" von ihren Fenstern aus dem wachsenden Schloßumbau zusah, repräsentierte den Geist Paul Friedrichs bis zu ihrem Lebensende. Wir wollen, um ihr gerecht zu werden, ihre Urenkelin zu Wort kommen lassen, die preußische Kronprinzessin Cecilie.

„Meine persönlichen Erinnerungen an die alte Dame sind zwar wenig deutlich, da ich erst sechs Jahre alt war, als sie starb; ich habe jedoch so viel von meinen Verwandten und aus ihrer langjährigen nächsten Umgebung von ihr gehört, daß ich es mir nicht versagen kann, ihr Bild, so wie es sich mir gestaltet, festzuhalten. Seit dem frühen Tode ihres Gemahls, des Großherzogs Paul Friedrich, bewohnte meine Urgroßmutter das Alexandrinenpalais am sogenannten Alten Garten; es war eine sehr bescheidene Behausung, innen aber urgemütlich. Die Stuben waren angefüllt mit Nippes, bunten Glasgefäßen und unzähligen Porzellanmöpsen, die mich als Kind immer wieder entzückten, wenn ich die unberührten und geheiligten Räume noch lange nach ihrem Tode mit größter Andacht durchwandern durfte. Sie hatte bis zu ihrem Heimgang das Ankleidezimmer ihres Gemahls unberührt gelassen: da lagen noch sein Militärrock, die Bürsten, die Theaterzettel von seinem Todestag, alles so, als wenn er jeden Augenblick wieder hereintreten könnte. Den größten Teil ihres Lebens hat meine Urgroßmutter in diesen anspruchslosen Räumen verlebt. Wie oft haben Zeitgenossen die alte Dame mit ihrem freundlichen, von grauen Locken umrahmten Gesicht am Fenster sitzen sehen! Wie oft grüßte sie die mit Trommeln und Pfeifen von ihren Übungen heimkehrenden Soldaten von ihrem Platz herunter, wie oft gab sie damit den treuen Mecklenburgern die Gewißheit: dort sitzt eine Mutter, die euch daheim willkommen heißt!"

Es gibt in Schwerin mehrere bildliche Darstellungen dieser Fürstin. Zwei davon sollen erwähnt sein – das wunderbare, ganz und gar „bürgerliche" Bildnis der Alexandrine mit ihren Kindern, das Wilhelm Schadow um 1830 gemalt hat, und das Marmorstandbild der ehrwürdigen „Alten Hoheit" von Hugo Berwald im Schweriner Grünhaus-Garten, das im Beisein Kaiser Wilhelms II. im Jahre 1907 enthüllt wurde.

Entwurf Demmlers für das Palaisgebäude
am Alten Garten in Schwerin

Aber wir wollen zurückkehren in das „Goldene Zeitalter" Paul Friedrichs. Von seiner Baulust sprachen wir schon, und so kann es niemanden wundern, daß sich in ihm der Wunsch nach einem repräsentativen und zugleich modernen Schloß regte. In den „alten Obotritenkasten" auf der Schloßinsel mochte er nicht einziehen. So ließ er seinen Intimus Demmler ein Palais entwerfen. Es sollte zwischen dem See und dem Hoftheater auf dem Alten Garten stehen. Demmler machte es klassizistisch und zugleich heiter – große verglaste Loggien zum Seeufer hin hätten die in Schwerin so unvergleichlich schön über dem See aufgehende Morgensonne ins Haus geholt, und eine strenge Hauptfront mit Säulenportikus zum Alten Garten hin sollte hoheitliche Wirkung zeigen. Auf der Entwurfszeichnung Demmlers sehen wir deutlich ein ganz „Paul-Friedrichsches" Detail: eine begehbare Kolonnade von drei zierlichen Bögen verbindet das Palais mit dem Theater. So hätten Paul Friedrich und Alexandrine stets ohne große Umstände und trockenen Fußes aus ihrem Schloß in ihr geliebtes Hoftheater eilen können. Aber das alles wurde nichts. Der Bau kam erst kurz vor Paul Friedrichs Tod in Gang, danach nicht über die Fundamente hinaus und blieb dann endgültig stecken, weil der jugendliche Friedrich Franz II. längst den Um- und Ausbau des alten Schlosses anvisierte. Die besagten Fundamente standen 36 Jahre hindurch als großherzogliche Bauruine hinter einem Palisadenzaun herum, bis Hermann Willebrand 1877 begann, auf ihnen den Museumsbau zu errichten.

Glücklichere Hand hatte Paul Friedrich mit einem Verkehrsbauwerk, das bis auf den heutigen Tag von unschätzbarem Wert für das westliche und mittlere Mecklenburg ist. Lange schon hatte es ihn geärgert, daß bei Reisen in östliche Richtung stets der große Schweriner See im Wege lag und entweder im Norden oder im Süden umfahren werden mußte. Das betraf nicht nur eventuelle fürstliche Visiten beim Landtag zu Sternberg oder Malchin, bei Reisen nach Güstrow und in die Richtung der Großen Seen, es behinderte auch den gesamten bürgerlichen und bäuerlichen Verkehr der Region. Ein Damm mußte her, der die „Wespentaille" des Sees in Höhe des Ramper Moores überspannen sollte. So wurde zunächst zum Transport des Baumaterials ein Kanal, der „Lange Graben", zwischen dem Ziegel-Außensee und dem Schweriner See gebaut. Anschließend wurde der Damm durch den See geschüttet und die gesamte Straßenverbindung zwischen Schwerin und Güstrow chaussiert. Allerdings und leider: erlebt hat Paul Friedrich auch in diesem Falle die endgültige Fertigstellung nicht mehr. Anekdotisches Beiwerk: In Abständen seien an den Böschungen des Dammes Schilder aufgestellt gewesen mit der Aufschrift: „Wer die Böschungen betritt oder beschädigt, wird mit 3 Thalern Buße oder 30 Rutenhieben bestraft. Der Anzeigende erhält die Hälfte. Das Großherzogliche Amt."

Ein ähnlich freundschaftliches Verhältnis wie zu seinem Baumeister verband den Großherzog mit seinem Hausarzt. Nun, natürlich, in diesen gesellschaftlichen Kreisen hieß dieses Amt etwas diskriminierend „Leibarzt", was den Medicus unverdientermaßen in die Nähe des „Leibsatteldieners" oder des „Leibbüchsenspanners" rückte. Auch diese Ämter gab es tatsächlich. Aber Dr. Wilhelm Hennemann, zunächst Ober –, später Geheimer Obermedizinalrat, störte sich wohl nicht daran, wie wollte er auch – er hatte schließlich gute Gründe, das Leibarzt-Amt mit Vergnügen auszuüben. Er war der höchstbezahlte Mediziner, den Mecklenburg je hatte. Mit einem

Jahresgehalt von 6 000, zuletzt 8 000 Talern und den Einkünften aus seiner Praxis, die keinesfalls geringer waren, konnte man äußerst nobel leben, zumal die Kaufkraft eines Talers ganz entschieden höher war als die von heutigen drei D-Mark. Wie dem auch sei – Hennemann ist aller Ehren wert. Nicht nur seinen hohen Patienten hielt er „in Schuß", auch die Großherzogin hatte bei ihren Entbindungen in ihm den vertrautesten Beistand, und die Prinzen hatten sich bei anfallenden Erkrankungen dem strengen Regime des Geheimrats zu fügen. Aber er tat mehr. Als Amtsarzt für den Distrikt der Stadt Schwerin organisierte er während der grassierenden Cholera-Epidemien der dreißiger Jahre des vorigen Jahrhunderts strengste Schutzmaßnahmen, ließ an den Stadteingängen Cholerawachen aufstellen, klärte die Bürger mit großen Plakaten und Aushängen in jedem Hausflur über Hygienemaßnahmen auf und schaffte es tatsächlich, die Seuche von der Stadt fernzuhalten. Hennemann verfügte über eine für die damalige Zeit außerordentliche Bildung, nicht nur in seinem speziellen Fach, sondern auch auf philosophischem, literarischem und musikalischem Gebiet. Als Sammler medizingeschichtlicher Bücher trug er eine der größten Kollektionen zusammen, die auf dem Wege einer Stiftung seiner Witwe nach seinem Tode in die Regierungs- (heute: Landes-) bibliothek gelangten. Inkunabeln, Renaissance-Anatomien (so die berühmte Anatomie des Spigelius), Erstausgaben (Paracelsus!), naturwissenschaftliche Frühdrucke (Albertus Magnus) befanden sich in seinem Besitz. Hennemann, der von verschiedenen Zeitgenossen als „schöner Mann" geschildert wird (so Friedrich Wilhelm Rogge), pflegte seine Krankenbesuche in einem offenen Wagen, häufig selbst kutschierend, zu erledigen. Eine zeitgenössische Lithographie zeigt ihn in offenem Pelz, mit lässig geschlungener Krawatte, die mit einem großen, rhombisch geschliffenen Stein geschmückt ist. Ist es ein Geschenk seines fürstlichen Arbeitgebers, empfangen nach der glücklichen Entbindung der Erbgroßherzogin Alexandrine von einem Knaben, der dereinst als Friedrich Franz II. seinem Vater auf den Thron folgen wird? Solcherlei Gunstbeweise waren damals üblich, mit Orden war man sparsamer.

Hennemann war es auch, der, nachdem Paul Friedrich die Nachfolge seines Großvaters angetreten hatte, für seinen Chef einen „Jökelklub" gründete, eine Gesellschaft bürgerlicher Intellektueller (Ausnahme war der Kammerherr von Bülow), der so prominente Schweriner wie der Medizinalrat Flemming, Chef der Irrenanstalt Sachsenberg, und natürlich der Hofbaurat Demmler angehörten. Man munkelte auch von Eduard Hobein, dem Präsidenten der Mecklenburgischen Hypotheken- und Wechselbank und gleichzeitigem „Finanzkonsulenten" des Hoftheaters, der als Advokat übrigens auch gedichtet hat. Was vorkommen soll. Was „jökelten" sie mit Paul Friedrich? Damen waren nicht zugelassen.

Paul Friedrich starb, auf der Höhe seiner Kraft, in seinen besten Jahren, erst 41, am 7. März 1842. Über die Todesursache könnte man gewiß in der peniblen Sammlung unseres Landeshauptarchivs Genaues ermitteln – lassen wir das. Wir wissen: es war eine schwere Erkältungskrankheit, die er sich zugezogen hatte, als in den Abendstunden des 24. Januar, in einer sehr kalten Nacht, ein Großbrand drei neuerrichtete Häuser der Alexandrinen- (heute: Karl-Marx-) Straße vernichtete. Da der Pfaffenteich zugefroren war, hatte die Feuerwehr große Not, an Löschwasser zu kommen. Paul Friedrich, wie es seine Art war, eilte an den Brandort, um, wie es zeitgenössische Berichte mitteilen, „dem Feuer eigenhändig Einhalt zu gebieten". Nun, das ist sicher eine Übertreibung; als Großherzog mußte man ja nun nicht auch noch Feuerwehrmann sein, obwohl Paul Friedrich schon 1830 als Erbgroßherzog einen Feuerwehreinsatz beim Brand an der Großherzoglichen Münze in der Münzstraße geleitet hatte. An diesem Abend des Jahres 1842 zog er sich nun jene schwere Erkältung zu, die er wochenlang verschleppte. Bei der Grundsteinlegung zu seinem ersehnten neuen Palais am Alten Garten war er noch „munter", wie Jesse in seiner Stadtgeschichte mitteilt, „nahm noch die Parade der Truppen ab und wohnte abends dem Hofball bei". Das war am Geburtstag seiner schönen Frau Alexandrine, am 23. Februar 1842. Danach kam ein Rückfall, wahrscheinlich eine Lungenentzündung und eine „Unterleibsentzündung", so Jesse. Antibiotika gab es noch nicht, die Darmgrippe raffte ihn hin. Auch Hennemann, sein Leibarzt, konnte nicht helfen. Der, und dies ist keine Legende, starb ein Jahr nach seinem Freund und Patienten vor Gram in der Stadt seines Wirkens.

Wie sehr das Land über den Tod Paul Friedrichs trauerte, wird deutlich, wenn man nachliest, was Mecklenburgs schärfster Kritiker jener Zeit, Ludwig Reinhard, in seiner Satire „Schwerin – Ein Sommermärchen" gedichtet hat:

Seine hohe Gestalt, sein fester Schritt,
Sein bürgerfreundliches Wesen! –
Das Wohlwollen konnte auf seiner Stirn
Man für die Menschheit lesen. –

(. . .)

Er hat dem heiteren Lebensgenuß
Gehuldigt mit Philosophie.
Auch ohne Denkmal von Bronz' oder Rauch,
Paul Friedrich vergessen wir nie.

(. . .)

Die Thore hat er hinausgerückt
In immer weitere Ferne.
Doch giebt's der Thoren auch in der Stadt,
Sie tragen Bänder und Sterne.

Ein Communist und ein Socialist
Konnte Paul seine Macht vergeben,
Der liebenswürdigste Fürst war er,
Und er verstand zu leben.

Nun ist er hin, nun ist er todt,
Gestorben und begraben,
Doch alle, die ihn einst gekannt,
Die wollen ihn wieder haben.

Schloß Schwerin nach dem Umbau, 19. Jh.

Friedrich Franz II.
(1823–1883)

Als Paul Friedrich am 7. März 1842 gestorben war und sein Sohn, bisher abkürzend „Prinz Friedrich" genannt, ihm auf den Thron folgte, war der junge Mann eben neunzehn Jahre alt geworden. Am 28. Februar 1823 geboren, hatte er eine behütete Kindheit, eine gründliche Ausbildung am Blochmannschen Institut in Dresden und drei knappe Semester an der Universität Bonn hinter sich. Und schon fand er sich, eben noch an der langen Leine seines Gouverneurs von Sell und also, in den Schranken seines Standes, fröhlicher Studiosus zu Bonn, als Landesherr

Großherzog Friedrich Franz II.,
Gemälde von Franz Krüger, 1854,
im Thronsaal des Schweriner Schlosses

Auguste, Prinzessin Reuss, Gemahlin von Friedrich Franz II.,
Gemälde von Friedrich Kaulbach, 1856,
im Thronsaal des Schweriner Schlosses

auf dem Schweriner Thron. Sein Biograph Berthold Volz stattete ihn postum mit den Vorzügen aus, die solches Amt erforderte: „Gesund an Leib und Seele, selbstloser Herzensgüte, offenen und bescheidenen Wesens: so machte der junge Landesherr den erfreulichsten Eindruck."

So hat ihn der Lithograph Adolph Hohneck 1841 auch gezeichnet: ein offenes, freundliches Gesicht, eine hohe, freie, unter der quergekämmten Haartolle schon den späteren Ansatz zur Familienglatze verheißende Stirn, gerade Nase, ein schöner Mund über gerundetem Kinn. Die Familienähnlichkeit der obotritischen Fürsten umgriff auch ihn: alle hatten die Neigung zu frühzeitig kahlem Vorderschädel, zum schönen Mund und zum runden Kinn, und alle hatten die großen, leicht vorstehenden Augen. Aber es war, als Hohneck den „Prinzen Friedrich" zeichnete, der inzwischen als Erbgroßherzog natürlich mit „Königliche Hoheit" anzureden war, immer noch etwas kindlich-Naives in seinem Gesicht; keine Ahnung trübte sein Gemüt, was auf ihn zukommen würde. War doch sein Vater Paul Friedrich ein jugendlich wirkender, kräftiger Mann auf der Höhe seines Lebens. Und doch: es traf ihn. Er mußte ans Ruder. Über Nacht.

Bevor wir seine Entwicklung weiter verfolgen, wollen wir doch einen Blick auf Kindheit und Jugend werfen. „Prinz Friedrich" wurde im Ludwigsluster Schloß geboren, sein Biograph Berthold Volz weiß es ganz genau: das Geburtszimmer befand sich im Westflügel auf der Gartenseite, im zweiten Obergeschoß. Es ist nicht auszuschließen, daß sich der alternde Friedrich Franz ziemlich intensiv in die Erziehung des Urenkels einmischte. Die Taufe fand nicht, wie eigentlich zu erwarten gewesen wäre, in der tempelhaften Hofkirche, sondern als „Haustaufe" im Goldenen Saal des Schlosses statt; Taufpastor war der Hofprediger Moritz Passow. Die Patenliste ist nahezu grandios: neben ein paar näheren Verwandten und dem Großherzog Georg von Mecklenburg-Strelitz wird sie durch die Namen des preußischen Königs, Friedrich Wilhelm III., und des Zaren von Rußland, Alexander, geziert. Die frühe Kindheit des Täuflings verlief ohne wesentliche Komplikationen oder Krankheiten und, vor allem, in einer ringsum abgesicherten Atmosphäre. Mehrere Dutzend Bedienstete aller Branchen umwimmelten die drei fürstlichen Personen, den Erbgroßherzog, seine schöne junge Frau und den kleinen Prinzen. Seine Bonne war eine Witwe Klockmann. Die drei Kammerdiener (wahrscheinlich arbeiteten sie im Schichtsystem) hießen Friedrich (!) Meyer, Franz (!) Müller und Georg (!) Bock. Außerdem gab es Lakaien (neun „Stück"), einen Kaffeeschenk, einen Läufer, einen Portier, zwei Feuerböter, einen Frotteur, fünf Garderobenjungfern und vier Kutscher, von denen der eine, ein „Geschenk" der russischen Verwandtschaft, ein Kosak vom Don, den für die mecklenburgische Zunge unausprechlichen Namen Andrej Stscherbinistschew führte. Man benannte ihn kurzerhand in „Andreas Kutschinoff" um, und als solcher kam er in den Staatskalender. Allerlei Absonderlichkeiten weiß Berthold Volz mitzuteilen. So berichtet er von einem Farbigen, einem „langgewachsenen Negerjungen", den Paul Friedrich von einer Reise nach Hamburg mitgebracht hatte. Der wurde in Ludwigslust getauft, erhielt den Namen Louis Christiansen und wurde dem Prinzen Friedrich als Spielgefährte zugeteilt. Er hatte die Aufgabe, das Musikcorps zu mimen (mit einer Querflöte), wenn Prinz Friedrich seine „Compagnie" exerzieren ließ, die aus ihm selbst als kommandierendem General, seinem Bruder Wilhelm und seinem „Altersgenossen" Adolf von Stenglin bestand. Gelegentlich wurden in Abständen mehrere andere, gleichaltrige Kinder von Höflingen oder hohen Beamten zum Spiel ins Schloß befohlen. Urgroßvater Friedrich Franz I. und Vater Paul Friedrich wollten wohl mit solchen Übungen verhindern, daß Prinz Friedrich in einer reinen Dienerwelt aufwuchs. Freilich half das nicht viel, denn auch hier war es ungeschriebenes Gesetz, das sich alles dem Willen des Prinzen unterzuordnen hatte. Noch einmal ziehen wir eine Bemerkung von Berthold Volz heran. „Hau nur tüchtig wieder!" soll Paul Friedrich dem Spielgefährten Adolf von Stenglin geraten haben. Das setzt voraus (was Volz allerdings verschweigt), daß der Prinz gelegentlich „hingehauen" haben muß. Jedenfalls galt er als kräftiger, gewandter Junge und hat wohl, wie unter Jungen üblich, seinem Gefährten ab und zu „eine geklebt", wenn der nicht so wollte wie er. Das ist „Bostbengel-Art", wie die Mecklenburger das nennen, und nicht nur dörpsche, sondern auch fürstliche Bostbengels hauen zu, wenn sie ihren Kopf durchsetzen wollen. Ob der junge Baron jemals „zurückgehauen" hat?

Das Jahr 1837 brachte drei wichtige Ereignisse für den Prinzen Friedrich: sein Urgoßvater starb am 1. Februar, sein Vater Paul Friedrich wurde Großherzog und er selbst Erbgroßherzog und Thronfolger. Und am 1. November bezog er zur Fortsetzung seiner Ausbildung, die bisher ausschließlich in Privatunterricht bestanden hatte, das von deutschen Adligen und Besitzbürgern geschätzte Blochmannsche Institut in Dresden, eine Art Elitegymnasium. Allerdings ging man auch hier nicht etwa so weit, daß der Erbgroßherzog am allgemeinen Unterricht der Schule teilgenommen hätte. Er bewohnte ein kleines Palais in der Nähe der Anstalt, und die Lehrer kamen ins Haus. Damit es nicht zu einseitig wurde, nahmen ausgesuchte Zöglinge des Gymnasiums, meist Sprosse kleinerer deutscher Fürstenhäuser, an dem Unterricht teil. Beaufsichtigt wurde das Ganze von Friedrichs „Gouverneur" Sell und von dem Kandidaten Kliefoth, der später unter der schirmenden Hand seines Zöglings zum Generalsuperintendenten Mecklenburgs aufstieg und sich durch seine orthodoxe Kirchenpolitik den „Ehrennamen" „Papst von Mecklenburg" einhandelte. Er ist auf dem Alten Friedhof zu Schwerin in der Nähe der Kapelle begraben.

Drei Jahre, unterbrochen von mehreren Bildungsreisen nach Italien und Frankreich, blieb Friedrich Franz in Dresden, dann bezog er die Universität Bonn. Hier allerdings kam er nicht mehr dazu, sich für eine bestimmte Studienrichtung zu entscheiden. Erst drei Semester hatte er juristische, philosophische und historiographische Vorlesungen, unter anderem bei Ernst Moritz Arndt, gehört, als das Ereignis eintrat, das ihn zum regierenden Herren machte, der Tod seines Vaters am 7. März 1842.

Mit einer Eilstafette rief ihn seine Mutter aus Bonn nach Schwerin. Man muß sich das alles einmal vorstellen: es gab keinen brauchbaren Telegraphen; Morse experimentierte noch herum, die optischen Telegraphen, wie sie auch in Mecklenburg zeitweise existierten, reichten mit ihren Winkelflügeln nur über Kurzstrecken. Es gab noch keine durchgehende Eisenbahnverbindung von Bonn nach Schwerin; die erste deutsche Eisenbahnlinie von Nürnberg nach Fürth war eben sieben Jahre alt, und Mecklenburg wurde erst durch seine eigenen, Friedrich Franz', Bemühungen ans Netz gebracht. So blieb nichts anderes, als eine Reiterstafette zu entsenden. Es mag sein, daß Paul Friedrichs Wille, seinen Sohn vor dem Tode noch einmal zu sehen, ihn am Leben hielt, bis der Studiosus aus Bonn einträfe. Und so geschah es auch; Friedrich Franz erlebte den Tod seines Vaters.

Beim Regierungsantritt des jungen Großherzogs hatten sich die Verhältnisse der mecklenburgischen Verfaßtheit, wie wir sie anfangs (nach Helge Bei der Wieden) zitierten, keineswegs geändert. Zwar hatten noch mehr bürgerliche Gutsbesitzer und -pächter Güter und Liegenschaften erworben, so daß der Adel schon um seine absolute Mehrheit auf den Landtagen zu fürchten begann, aber im Grunde war noch alles unverändert. Statt der Erbuntertänigkeit gab es jetzt eine entehrende „Heimatsgesetzgebung". So verdienstvoll das Bemühen einiger Gutsbesitzer, adliger wie bürgerlicher, war, ihren Landarbeitern einigermaßen erträgliche Lebensbedingungen zu bieten, so waren sie doch in der Minderzahl. Das Schulwesen war, insbesondere in den ritterschaftlichen Ämtern, noch immer hanebüchen desolat. Die Auswanderungslust grassierte, Landstreicher durchzogen das Großherzogtum, das Polizeiwesen konnte dem nur mit drakonischen Maßnahmen Herr werden. Alle Verhältnisse drängten auf Veränderung, und Veränderung konnte nur durch eine neue Verfassung erreicht werden. Es waren die bürgerlichen Gutsbesitzer und die Intellektuellen des Landes, die die Verfassung zunehmend heftig forderten. Das politische Leben Mecklenburgs, wenn man ein solches ohne Ironie als existierend annimmt, war fast auschließlich von dem Streit dieser beiden Parteien – nämlich der adligen und bürgerlichen Gutsbesitzer – bestimmt. Auf den Landtagen wurden die Kämpfe am heftigsten ausgetragen, und das Fehlen einer modernen Verfassung (eine Republik zu fordern, waren selbst die kühnsten Köpfe der mecklenburgischen Opposition außerstande) stellte den Hauptgrund für alle anstehenden Probleme dar.

Von seinem Vater übernahm Friedrich Franz II. zwei altgediente Minister, die ihn in den ersten Jahren seiner Regierung berieten – den Staatsminister von Lützow und den zweiten Minister von Levetzow (am Rande bemerkt: ein Onkel der berühmten Goethe-Liebe Ulrike von Levetzow). Der Großherzog wußte wohl, was er an den beiden hatte. Lützow war ein Poli-

tiker mit geistigen Qualitäten, Levetzow ein Landjunker mit Beharrungs-
vermögen. „Lützow stellt das bewegliche, Levetzow das stabile Element
dar", notierte Friedrich Franz einmal. Er hatte solche Beratung auch nötig, denn er, auch nach eigenem Bekenntnis, befand sich „in einem Alter,
in dem einem sonst noch keine Compagnie anvertraut wird".

Allerdings war er auch bürgerlicher Beratung gar nicht abgeneigt. So hielt
er große Stücke auf den ebenfalls vom Vater „übernommenen" Hofbaurat Demmler, der damals achtundreißig Jahre alt war, auf der Höhe seiner Kraft stand und für den jugendlichen Fürsten in seiner Weltläufigkeit,
Bildung und Nonchalance durchaus ein Vorbild war. Demmler stand in
ständigem Verkehr mit den Intellektuellen des Landes und war sicher nicht
gering beteiligt, dem Großherzog die Vorteile einer modernen Verfassung
zu suggerieren. Der Verlauf der Geschichte sollte die beiden Männer später
auseinanderbringen. In jenen Jahren vor der Revolution von 1848, die auch
Mecklenburg erschütterte, war das Land in seiner Gesamtheit zwar eine
Art Monolith, ein unbeweglich verharrender Findlingsblock am Rande der
Ostsee. Aber der äußere Eindruck täuschte, denn bei genauer Betrachtung gab es Gärungen aller Art, so zum Beispiel einen erstaunlichen Auf-
schwung der Presse. Allerhand ziemlich aufmüpfige Zeitungen erhoben
ihre Stimme. Der Verleger Dethloff Carl Hinstorff gründete die „Ludwigsluster Blätter" und das „Jahrbuch für alle Stände". In beiden Publikatio-
nen finden sich bissige Glossen zur Zeit. Autoren wie Ludwig Reinhard,
John Brinckman, Fritz Reuter und August Heinrich Hoffmann von Fallersleben, Politiker wie Samuel Schnelle oder Moritz Wiggers hieben recht
treffsicher besonders auf den Adel, die alte Verfassung, die Staatskirche
und manch' anderes Ärgernis ein. Manchmal blieben sie anonym, manchmal zeichneten sie ihre Beiträge mit vollem Namen. Eines ist erstaunlich:
den Großherzog schonten sie alle. Im Gegenteil — immer wieder gab es
Huldigungen, nicht nur an den toten Paul Friedrich, sondern auch an den
jungen und sehr lebendigen Friedrich Franz II. Er hieß stets nur „unser
Großherzog" und wurde von der sonst so bissigen Pressemeute eilfertig in
Schutz genommen. Ob die Demokraten (und Männer wie Ludwig Reinhard,
Georg Adolph Demmler, Moritz Wiggers wurden ja tatsächlich für ihre
Überzeugungen später bösartig gemaßregelt, mit Amtsenthebung oder

Einsperrung), wirklich noch glaubten, der junge Fürst, der ihnen gern zuhörte, sie nach Kräften in ihren Ämtern förderte und in Schutz nahm, wenn man ihnen Böses wollte, dieser junge Fürst wäre im Kampf um die Erneuerung der Gesellschaft in Mecklenburg ihr Bundesgenosse? Sie sind nachher bitter enttäuscht worden.

Zunächst aber lief alles in den beschriebenen Bahnen – man ging sehr respektvoll und freundlich miteinander um. Unangefochten durften die frechen Zeitungen erscheinen, Ludwig Reinhard erhielt die Rektorstelle in Boizenburg, Hoffmanns Exil in Mecklenburg wurde sanft geduldet, Demmler erhielt trotz höfischer Störversuche den Schloßbau-Auftrag. Es schien fast, als hätten der Fürst und die bürgerliche Opposition ein Bündnis geschlossen gegen die bösartige Ritterschaft, was dem Großherzog angesichts seiner eingeschränkten politischen Handlungsfähigkeit im ganzen Lande offenbar nicht ungelegen war. Friedrich Franz versuchte tatsächlich, in die Kämpfe einzugreifen, und bemühte sich auf dem Landtag von 1843, den ritterschaftlichen Adel zum Verzicht auf seine alleinige Wählbarkeit in den „Engeren Ausschuß", eigentliches Machtorgan des adligen Grundbesitzes, zu bewegen. Es half aber alles nichts.

Von der Verworrenheit der innenpolitischen Zustände in Mecklenburg, wie sie Friedrich Franz II. in seinen ersten Regierungsjahren vorfand, bekommt man einen ungefähren Begriff bei der Lektüre der von dem Gutsbesitzer Samuel Schnelle auf Buchholz, seit 1845 Gastgeber Hoffmanns von Fallersleben, zusammengestellten „Kurzen Landtagsberichte". Sie erschienen seit 1844. Der Bericht über den Landtag zu Sternberg vom 8. November bis zum 5. Dezember 1843 umfaßt 414 Seiten, wobei sich Samuel Schnelle als Künstler der Verknappung erweist. Alle häufig vorkommenden Wörter wie „Engerer Ausschuß", „Ritter- und Landschaft", „Ober-Appellationsgericht" usw. werden abgekürzt, alle Vorlagen, Anträge, Eingaben auf wesentliche Inhalte gekürzt, weitschweifige Vorträge manchmal auf einen zusammenfassenden Satz reduziert. Wenn man sich vorstellt, wie das von Schnelle hergestellte Komprimat entstand, bekommt man Hochachtung vor diesem Meister des Filtrierens. Durch alle diese Vorgänge mußte der unerfahrene junge Mann auf dem mecklenburgischen Thron sich hindurchwühlen und dabei scharf achtgeben, daß ihm die adligen Ritter nicht die Butter vom Brot nahmen und sich Rechte anmaßten, die ihnen nicht zustanden. Zudem waren sie ständig bemüht, überfällige Reformen im Lande zu verhindern. So galt dem Adel nichts mehr als die alleinige Wählbarkeit in den Engeren Ausschuß, der das Land quasi zwischen den Landtagen regierte. Dieses alte Vorrecht fiel auf jenem Landtag von 1843. Am 21. November erklärte die adlige Partei zähneknirschend und vergnatzt ihren Verzicht auf die alleinige Wählbarkeit. Es hieß in dieser Erklärung, der Adel sei „noch immer vollständig überzeugt von der Begründung des Herkommens, daß nur Mitglieder der Ritterschaft von Adel . . . in den Engeren Ausschuß wählbar seien." Man wolle „auf dieses Vorrecht, um den mehrfach deshalb ausgesprochenen Wünschen des Landesherren zu genügen, freiwillig verzichten". Durch diesen Vorgang hatte Friedrich Franz seine Stellung gegenüber der Ritterschaft behauptet und bei den „bürgerlichen Rittern" an Ansehen gewonnen.

Neben solchen politischen Querelen gab es auch wirtschaftliche Fragen, in die der Großherzog kräftig hineinregierte. Herausragend war seine Rolle bei der Erschließung Mecklenburgs durch Eisenbahnen. Schon unter Paul Friedrichs Regierung hatte sich Mecklenburg im November 1841 einem Vertrag angeschlossen, der den Bau einer Eisenbahnlinie von Berlin nach Hamburg zum Inhalt hatte. Beteiligt waren Preußen, Mecklenburg, das Herzogtum Lauenburg und Hamburg. Allerdings kamen die Verhandlungen und der Erwerb der nötigen Ländereien nur mühsam voran, und die preußische Regierung liebäugelte schon mit einem anderen Plan, der vorsah, die Bahnlinie über Magdeburg zu legen. So hätte sie Mecklenburg gar nicht berührt. Das konnte der fortschrittsgläubige Friedrich Franz nicht zulassen. Er wandte sich brieflich an seinen Onkel, König Friedrich Wilhelm IV., und erreichte zunächst eine Verlängerung der Verhandlungen um ein halbes Jahr. Erst, nachdem er selbst nach Berlin gereist war und alle seine Beredtsamkeit aufgewendet hatte, gelang es ihm, den König davon zu überzeugen, daß Mecklenburgs Wohl entschieden vom Bau der Bahn auf dem rechten Elbufer abhing. Der König wiederum instruierte seine Schranzen in den zuständigen Ministerien und Verwaltungen, und so geschah es, daß der Bau im Frühjahr 1844 begann. Am 15. Dezember 1846 fuhr der erste durchgehende Zug. Die Strecke berührte das Großherzogtum in seinem südwestlichen Teil, trat in Grabow in das mecklenburgische Territorium ein, um es hinter Boizenburg wieder zu verlassen. Die Stadt Ludwigslust wurde für den immer noch schmerzenden Weggang des Hofes im Jahre 1843 wenigstens teilweise entschädigt, indem sie ein überaus prächtiges Bahnhofsgebäude erhielt. Auch Hagenow erhielt einen ansprechenden Bahnhof. Beide entwickelten sich sehr bald zu wichtigen Knotenpunkten des innermecklenburgischen Eisenbahnverkehrs. Gar nicht erstaunlich: Auch das winzige Dörfchen Jasnitz am Rande des riesigen Forst- und Jagdgebietes „Wildpark Jasnitz" bekam einen Bahnhof, ein kleines, aber feines Bahnhöfchen, damit der Großherzog hier seine Jagdgäste aus Potsdam und Berlin standesgemäß empfangen konnte. Allen diesen Eisenbahndingen sah zumindestens der adlige Teil der Ritterschaft mit gemischten Gefühlen zu. Es ehrt den Landesherrn, daß er sich durchsetzte und den schnellen Bau weiterer Linien ins Landesinnere betrieb und teilweise auch selbst mitfinanzierte. Er hatte – so würde man es heute nennen – die Eisenbahnangelegenheit zur „Chefsache" gemacht und ließ sich darin nicht beirren. So entstand nach und nach das Netz der „Mecklenburgischen Friedrich-Franz-Eisenbahn". Die Hauptstadt Schwerin bekam 1847 Anschluß, Wismar 1848, Rostock 1850. Ludwigslust und Hagenow entwickelten sich zu Knotenpunkten, Dömitz, Waren (Müritz), Güstrow folgten bald. Allerdings stellten sich auch natürliche Hindernisse in den Weg. So gibt es bis heute keine geradlinige Verbindung zwischen Schwerin und Neubrandenburg bzw. Neustrelitz. Ein Blick auf die Landkarte: sowohl der Schweriner See als auch die große Müritz lagen solchen Planungen störrisch im Wege. Und so macht der Eisenbahnbenutzer bis heute kurvenreiche Umwege. An manchem der alten Bahnhofsgebäude findet man als Zierelement, meist an gußeisernen Vordachträgern, das Spiegelmonogramm „FF" oder die Abkürzung „M.F.F.E" (für „Mecklenburgische Friedrich-Franz-Eisenbahn"). Mit der zügigen Erschließung Mecklenburgs durch Eisenbahnen machte sich Friedrich Franz tatsächlich so verdient, daß man die übriggebliebenen Spuren unbedingt sichern und erhalten sollte. Es muß gefragt werden dürfen, ob sein Vater Paul Friedrich mit gleicher Tatkraft an diese Aufgabe gegangen wäre. In diesem Falle war es vielleicht gut für Mecklenburg, einen jungen, ungeduldigen Fürsten zu haben, der sich für das neue Verkehrs-und Transportmittel begeisterte und seine Bedeutung für Mecklenburgs Wirtschaft erkannte. Überall, wo die Bahn hinkam, entwickelte sich die industrielle Produktion. Nun war das gewiß und gottlob nicht gleich Elberfeld oder Newcastle, was da aus dem Boden schoß. Aber immerhin. Die Eisenbahn bot nicht nur billigen, schnellen und termingerechten Transport von Waren und Personen, sie erzeugte ihrerseits Bedarf. Die Holzindustrie prosperierte; Mecklenburgs Wälder lieferten Millionen von Schwellen. Eisengießereien und Reparaturwerkstätten entstanden, die Kleinindustrie und das Handwerk kamen in Schwung, der Absatz landwirtschaftlicher Massengüter wie Getreide, Kartoffeln, Rüben, Wolle, Flachs erleichterte sich erheblich. Und das Volk nahm die neuen Reisemöglichkeiten freudig an. Wo man sich bei der Erstfahrt des „schnaubenden Biestes" noch ängstlich bei der Feldarbeit „in de Fohr" (in die Furche) geworfen hatte, da ging man bald, wie bei Rudolf Tarnow nachzulesen, „in Crivitz up de Bohn / nu an dat Schalterfinster ran", denn „Daglöhner Kläwenowsch ut Böken / wull de Verwandtschaft mal besöken", und sie freute sich diebisch, denn der Bahnbeamte taxierte den Fahrpreis für ihren Bostbengel nach der Hosenlänge, was Größing zu der Bemerkung veranlaßte, dann führe sie „ . . . umsüß nah Loosen, / denn ik oll Fru drög gor kein Hosen!" Immerhin kostete Eisenbahnfahren Geld; auch wenn man Vierter Klasse fuhr, war bei einer Entfernung von 10 Meilen ein Preis von 18 Silbergroschen zu entrichten.

Wie tief die Eisenbahn in das Volksleben eingriff, mag man an der großen Menge von Anekdoten ablesen, die sich um die „M.F.F.E." ranken. Die Eisenbahn hatte wie keine andere Zeiterscheinung auch in dem Streit zwischen den bürgerlichen und adligen Gutsbesitzern den ersteren Vorteile verschafft. So renommierte ein Landjunker, nennen wir ihn Jasper von Maltzan, im Eisenbahnabteil Erster Klasse gegenüber einem Rostocker Reeder mit der wichtigen Rolle, die er im Engeren Ausschuß spiele. Der Reeder, der die Sache als Hanseat ohnehin mit Abstand betrachtete, lehrte ihn Mores. „Wissen Sie, Herr Baron, wie mir die adligen Ritter vorkommen? Na? Ich will es Ihnen verraten: Wie mein Hinnelster! Sitz hett he, Stimm' hett he ok, oewer to seggen hett he nicks!"

Das Eisenbahnabteil als neues Soziotop auch in Mecklenburg – man lese nach bei Fritz Reuter in seiner Schnurre „Abendteuer des Entspekter Bräsig, bürtig aus Meckelborg-Schwerin, von ihm selbst erzählt".

Eigentlich muß es uns nicht wundern, daß Friedrich Franz die Eisenbahn so liebte und förderte – er reiste gern und viel. Die Geschichte der Bildungsreisen dieses Landesherrn ist lang und interessant. Seine Biographen meinten, er habe durch die Reisen seinen Bildungsmangel, den er durch den vorzeitigen Tod seines Vaters und den dadurch bedingten allzufrühen Regierungsantritt erlitten habe, ausgleichen wollen. Daran ist etwas Wahres. Eine seiner wichtigsten Reisen unternahm er 1844. Die Hauptziele waren Rom und Konstantinopel, wie Istambul damals hieß. Zum Reisebegleiter wählte er sich den acht Jahre älteren, hochgebildeten Adolf Friedrich von Schack. Von Schack (1815–1894) war im Stadthaus seiner auf dem Gut Brüsewitz lebenden Eltern in Schwerin, gewissermaßen im Schatten der Schelfkirche, geboren worden. Er hatte an verschiedenen deutschen Universitäten Jura und Kameralistik studiert. Als Diplomat in mecklenburgischen Diensten hatte er Muße und Vermögen genug, sich als Autodidakt dem Studium des Persischen und des Sanskrit zu widmen, altspanische Literatur zu erforschen und Kunstgeschichte zu treiben. Schack war einer der kultiviertesten Männer seiner Zeit, und wenn wir im Vorausgegangenen den mecklenburgischen Landjunker als negativen Typus darstellen mußten – Schack jedenfalls gehörte nicht dazu. Er verkörperte den edlen Teil der Kaste. Männer wie Friedrich Graf Hahn auf Basedow, Friedrich von Flotow, Graf Bernstorff auf Wedendorf oder eben der 1876 in den Grafenstand erhobene Schack retteten die moralische Ehre ihres Standes.

Nun muß man sich nicht denken, daß ein regierender deutscher Fürst, ein Großherzog, so mir nichts dir nichts einfach losreisen konnte. Zunächst war zu bedenken, ob die längere Abwesenheit dem Lande schaden könnte. Sodann war die Reise auch als diplomatische Angelegenheit vorzubereiten, Gesandte und Kuriere mußten also vorauseilen, die Fürsten und Regierungen der zu bereisenden Länder in Kenntnis setzen, für eine standesgmäße Unterbringung des reisenden Gastes sorgen, die politische Lage in den Zielländern erkunden, um unliebsamen diplomatischen Verwicklungen vorzubeugen und so fort. Heute übernimmt solche Aufgaben in der Regel die Protokollabteilung der jeweiligen Regierung, damals oblag die Vorbereitung dem Schweriner Hofmarschallamt, insbesondere dem speziell für solche Angelegenheiten zuständigen Reisemarschall Oberst Adolph von Sell. Für den Reisemarschall waren solche Unternehmungen durchaus Routine, und außerdem bekam er bei größeren Reisen mit seinem Fürsten in den meisten Reisestaaten noch die entsprechenden Orden verliehen als Lohn für gute Organisation. Herr von Sell muß prächtig ausgesehen haben, wenn er sie alle anlegte: den Dänischen Danebrog 2. Klasse, den Russischen St.-Andreas-Orden 2. Klasse am Bande, den Preußischen Roten Adlerorden, den Preußischen Johanniter-Orden, den Orden der Französischen Ehrenlegion, den Hannöverschen Guelphen-Orden 2. Klasse, den Großherzoglich Hessischen Ludwigsorden, den Oldenburgischen Hausorden, den Sachsen-Ernestinischen Hausorden und so weiter und so fort. Auf der anstehenden Reise kam dann noch der Türkische Istichen-Nichar-Orden des Sultans hinzu. Genug davon. Jede Zeit hat ihre Eitelkeiten. Herr von Sell, Herr von Schack, Herr von Zülow, Adjutant des Großherzogs, und natürlich der Fürst selbst bildeten die vierköpfige Reisegesellschaft, der ein kleiner Troß von Bediensteten zu Gebote stand – die Kammerdiener der Herren und die Burschen des Adjutanten. Ein Arzt wurde nicht mitgenommen.

Die Reise war keineswegs nur ein Vergnügen, sondern bot allerhand abenteuerliche, teilweise lebensgefährliche Abwechslungen. Das lag zum einen an den Schwierigkeiten, die Route mit den unterschiedlichsten Verkehrsmitteln zu bewältigen – die Eisenbahnen waren noch knapp. So bediente man sich eines vierspännigen Reisewagens oder, wo es sich anbot, einer Dampfschiff-Verbindung, man ritt (auf Pferden und Mauleseln), man segelte oder man marschierte. Sollte der moderne Polittourismus auf solche Umstände angewiesen sein – er wäre wohl weniger entwickelt. Geld allerdings kostete das Unternehmen auch vor 150 Jahren nicht eben wenig.

Der erste Zielpunkt war Berlin, wo, wie des Großherzogs Biograph Berthold Volz mitteilt, erstmalig die Rede von einem modernen Umbau des Schweriner Schlosses war, was den königlichen Onkel Friedrich Wilhelm

IV. veranlaßte, sogleich Skizzen zu entwerfen. Alexander von Humboldt
sei bei diesem Gespräch anwesend gewesen, „sarkastisch, wie immer."
Weiter ging es nach Dresden, man besuchte die königliche Familie und,
in alter Schüleranhänglichkeit, das Blochmannsche Institut. Dann zu
Schiff nach Prag und im Reisewagen weiter nach Wien, wo Friedrich Franz
erstmalig mit dem greisen Kanzler Metternich zusammentraf, was ihm
Eindruck machte. Weniger gefiel ihm der österreichische Kaiser Ferdinand, der ihm wie ein Greis vorkam, obwohl er zum Zeitpunkt der Visite
erst 51 Jahre alt war. Er verschwand immer schnell bei Hoffesten, während der junge Mecklenburger die illustre Damenwelt über das Parkett der
Hofburg schwenkte. Über Salzburg setzte man die Reise nach München
fort. König Ludwig I., schon damals europaweit als leicht verrückt ver-
schrien, machte den reisenden Großherzog mit seinen Kunstideen bekannt.
Lola Montez wurde erst zwei Jahre später seine Maitresse; so entging
Friedrich Franz der Peinlichkeit, ihr vorgestellt zu werden. Nach schwie-
riger Paßfahrt ging es über Innsbruck und Verona nach Venedig und endlich nach Rom. Hier war nun Schack in seinem Element, und keine Kunst-
stätte wurde ausgelassen. Von Goethe animiert, ließ sich Friedrich Franz
die Marmorstatuen nachts bei brennenden Fackeln zeigen. Gregor XVI.
empfing den protestantischen Fürsten aus dem Norden in Privat-
audienz; man redete über mathematische und naturwissenschaftliche
Probleme, für die sich der Papst interessierte. Neapel war Station auf
dem Wege nach Sizilien, von wo aus es zu Schiff nach Malta ging und
schließlich nach Smyrna und Konstantinopel. Der Sultan Abdul Medschid
schenkte seinem Gast einen Krummsäbel in goldener, edelsteinbesetzter
Scheide, wofür sich Friedrich Franz nach seiner Heimkehr mit vier
ziemlich teuren mecklenburgischen Reitpferden bedankte. Die Welt
am osmanischen Hof mochte dem rationalistisch eingestellten Großherzog, der sich für Eisenbahnen, Dampfschiffe, moderne Architektur
und Kunst interessierte, ziemlich „schleierhaft", im wahrsten Wort-
sinn, vorgekommen sein. Und was tat er wohl mit dem Krummsäbel?
Wir wissen es nicht, vermuten aber, daß er das gefährliche Ding nach
der Heimkehr in seiner Hofdornitz in einen Glaskasten legen ließ, wo
es nutzlos funkelte.

Ein Ausflug nach Troja soll noch erwähnt werden. Das war natürlich vor Schliemanns Grabungen im Hügel von Hissarlik, und die griechenselige Welt der deutschen Nachklassik, von Johann Heinrich Voß mit der deutschen Übersetzung von „Ilias" und „Odyssee" angeregt, hielt noch den türkischen Flecken Burnabaschi für Troja. Das macht nichts – Friedrich Franz empfand auch in Burnabaschi den erwünschten heiligen Schauder. Später war er Schliemann gegenüber skeptisch, weshalb, wie manche Fachleute vermuten, der berühmte Schatz des Priamos nicht nach Mecklenburg, sondern nach Preußen gelangte . . .

Auch bei dieser Reise gibt es anekdotische Verbrämungen. Sie sind, wie es bei Anekdoten immer ist, natürlich historisch kaum nachprüfbar. Daraus resultiert ihre Nichteignung zum Dokument, zugleich aber auch ihre Eignung zur Legendenbildung.

Nach Volz (wir zitierten ihn mehrfach) traf Friedrich Franz bei einem Ausritt in der Nähe des Goldenen Horns auf zwei plattdeutsch sprechende Männer, die sich, auf seine Nachfrage, als mecklenburgische Frachtschiffkapitäne namens Zegelin und Niejahr zu erkennen gaben. „Un wer sünd Sei?" fragten (wir zitieren immer noch Volz) die beiden wetterfesten Gestalten. „Ich bin der Großherzog!" antwortete der Großherzog. Das fanden die beiden lustig; Zegelin schlug dem jungen Mann die Hand auf die Schulter und sagte: „Na, dat ist ok ne ganz gaude Anstellung, dor blieben Se man bi!"

Variante 2 (Quelle ist Staudingers Anekdotensammlung „Ernstes und Heiteres aus Mecklenburg", Rostock 1897): Der Großherzog sieht am Pier in Konstantinopel einen Rostocker Segler und ruft einem Matrosen, der eben das Ankerspill dreht, weil das Schiff ablegen soll, über die Kaimauer zu: „Grüßt auch schön in Mecklenburg!" Der Matrose: „Wecker läßt denn grüßen?" Der Großherzog: „Der Großherzog!" Der Matrose: „Na, dat ist ok 'n scheunen Posten, den hollen Se man wiß!"

Soviel ist sicher: Friedrich Franz II. traf, nach mehr als halbjähriger Abwesenheit, am 24. Juli 1844 wieder in Schwerin ein, unversehrt und wohlbelehrt. Eines ist nachzutragen: Der Großherzog in seiner außerordentlichen Jugendlichkeit hatte unterwegs des öfteren ganz normale und völlig verständliche „Anfälle" von Jungenart – er mußte immer überall hinaufsteigen. In Wien war es die Kreuzblume des Stefansdoms, im Rom die Kuppel von St. Peter, und sogar im Krater des Ätna „rutschte er durch die Asche". Einfach so. Und Sell, der würdige Reisemarschall mit den vielen Orden, hatte seine Bedenken. Neben den Reiseunternehmungen und der innenpolitischen Lage beschäftigten den Großherzog in den Jahren vor der herangärenden Revolution zwei Dinge besonders: der Schloßbau und die Liebe. Was letztere betrifft, so war Friedrich Franz zunächst ein sehr zurückhaltender, vielleicht gar schüchterner junger Mann. Inzwischen ein Mittzwanziger, gut aussehend und in den besten Verhältnissen, galt er bei den heiratsfähigen Fürstentöchtern Deutschlands sicher als gute Partie. Bei einem Besuch in Sanssouci traf er die aus Schlesien stammende Fürstin Liegnitz, eine schon ältere, erfahrene Dame, die möglicherweise die Aufgabe einer Ehestifterin als Ehrensache ansah. Sie erzählte nämlich beeindruckend von der jungen Auguste von Reuß-Schleitz-Köstritz, die mit ihren Schwestern in Stonsdorf in Schlesien lebte und die Friedrich Franz schon als Schüler in Dresden kennengelernt hatte. Allerlei amordiplomatische Bemühungen anderer wohlmeinender älterer Damen im Umkreis des Großherzogs führten indes zum Ziel; man mußte doch tunlichst den jungen Mann unter die Haube bringen, es ging nicht an, daß er immerzu nur regierte und baute. Biograph Volz berichtet zum Beispiel von der Gräfin Blücher, die bei einem Essen im Neustädtischen Palais zu Schwerin ganz geschickt das Gespräch auf das Thema „Prophezeiungen" gebracht habe und dann von eben jener Auguste erzählte, der man vorausgesagt habe, sie würde spät heiraten, dann aber, so Volz, „eine regierende Fürstin werden". Friedrich Franz hörte die Nachtigall trapsen, aber er wehrte sich nicht. Schließlich hatte er Auguste in guter Erinnerung. Im Sommer 1849 zog er auf die Freite, fuhr nach Schlesien und brachte glücklich die Verlobung zustande. Sein Tagebuch vom 26. Juli 1849: „Welche wundervolle Erscheinung ist Auguste! So ruhig, edel, mild, schön im Ausdruck . . ." Sie war ein knappes Jahr älter als Friedrich Franz, eine kräftige, wohl auch ziemlich große Frau. Friedrich Kaulbach, der ihr Ganzfigur-Porträt malte, das im Thronsaal des Schweriner Schlosses hängt, hat sicher ein bißchen gemogelt, was die Wespentaille der hohen Frau angeht. Immerhin hatte Auguste, als Kaulbach sie malte, schon vier Kinder geboren und ging möglicherweise mit Nummer 5 schwanger, mit Johann Albrecht (geb.1857, gest.1920) nämlich, der uns später als Regent für den unmündigen Friedrich Franz IV. wiederbegegnen wird.

Wie dem auch sei – Auguste war eine praktisch veranlagte und selbstbewußte Frau. 1859 brachte sie noch ein sechstes Kind zur Welt, das jedoch gleich nach der Geburt starb. Sie selbst wurde nur vierzig Jahre alt, sie starb am 3. März 1862 an einer mit einem Bronchialleiden verbundenen Herzkrankheit. Eilfertig versichert der Biograph Volz, daß es sich nicht um Tuberkulose gehandelt habe – fürstliche Personen sterben eben nicht an Tuberkulose. Ein anderer Biograph, Ludwig von Hirschfeld, spricht von „katharralischem Fieber". Der Tod seiner Frau traf den Großherzog schwer; er mußte auf baldige Wiederverheiratung sinnen – die zurückbleibenden Kinder waren elf, zehn, acht und fünf Jahre alt.

Das zweite Feld der Tätigkeit und des Interesses des Großherzogs, der Schweriner Schloßbau, nahm seinen Anfang 1844/45. Friedrich Franz hatte die Pläne seines Vaters, ein neues Schloß „an Land", auf dem Alten Garten, zu errichten, nicht weiter verfolgt. Er wollte unbedingt das verfallende Obotritenschloß auf der Insel im See erneuern, um- und ausbauen und zu einem wirklich königlichen Wohnsitz gestalten lassen. Die Planung hatte er in die Hände Georg Adolph Demmlers gelegt, wenn er wohl auch mit dem Architekten keinen so vertrauten Umgang pflegte wie sein Vater Paul Friedrich. Immerhin hatten Demmler und sein Mitarbeiter Willebrand auf Studienreisen in England und Frankreich viel gelernt und namentlich im Tal der Loire, in Chambord, ein Schloß gefunden, das als Vorbild für das Schweriner Schloß geeignet schien – eine Wasserschloßanlage der Renaissance.

Friedrich Franz billigte, nach Konsultation mit dem Berliner Onkel, die Pläne; der Bau begann mit Schwung und in perfekter Organisation, für die Demmler verantwortlich zeichnete. Bereits 1847 fand das Richtfest statt. Aber es sollte doch noch zehn Jahre dauern, bis die großherzogliche Familie einziehen konnte. Demmler, der schon während der ersten Jahre des Schloßbaus ständig mit sozialen Forderungen für die auf der Baustelle beschäftigten Handwerker und Arbeiter aufgetreten war, eine Unterstützungs- und Krankenkasse gegründet hatte und sich während der Revolutionsjahre 1848/49 offen zu seinen demokratischen Überzeugungen bekannte, wurde 1851 durch den Großherzog entlassen. Dieser ziemlich einmalige Vorgang erklärt sich aus den politischen Vorgängen im Lande Mecklenburg, aus der Abhängigkeit des Fürsten von seinen Standesinteressen und, nicht zuletzt, aus der aufrechten Haltung Demmlers, der keine Neigung zu opportunistischem Wohlverhalten hatte. Friedrich Franz hatte nach endlosen Streitigkeiten mit den Ständen und unter dem Eindruck bürgerlich-intellektueller Argumentation, wie sie durch die bürgerlichen Gutsbesitzer ebenso wie durch Schriftsteller, Dichter und Künstler, nicht zuletzt durch Demmler, auf ihn einprasselten, vielleicht auch noch in jugendlichem Fortschrittsdenken den Mecklenburgern endlich, wenn auch mit großer Verspätung, eine neue, eine monarchisch-konstitutionelle Verfassung gegeben. Erst am 10. Oktober 1849 verkündete er zögerlich diese neue Verfassung, das Staatsgrundgesetz für Mecklenburg-Schwerin, im Schweriner Dom. Damit sollte die alte Verfassung, der unterdessen längst fossile „Landesgrundgesetzliche Erbvergleich" von 1755, ungültig werden.

Spätestens jetzt muß Friedrich Franz Angst vor der eigenen Courage bekommen haben. Die adligen Ritter schäumten vor Zorn. Sie hatten überhaupt kein Interesse an einer neuen Verfassung, noch dazu an einer Verfassung, die ihnen wesentliche, altüberkommene Rechte bestritt. Man bedenke: die neue Verfassung erhielt eine Bestimmung, daß alle Mecklenburger vor dem Gesetze gleich seien! . . . Die adligen Ritter besannen sich auf Reichsregularien und klagten vor einem Schiedsgericht, das auf Antrag der Ritterschaft, des Strelitzer Großherzogs Georg (auch er war gegen die neue Verfassung) und des preußischen Königs in Freienwalde zusammentrat. Es erklärte erwartungsgemäß die Verfassung des Großherzogtums Mecklenburg-Schwerin vom 10. Oktober 1849 für ungültig und wies an, den Landesgrundgesetzlichen Erbvergleich von 1755 wieder in Kraft zu setzen. Das war eine bittere Lehre für Friedrich Franz – es gab Mächte und Kräfte in seinem Land, denen er selbst macht- und kraftlos gegenüberstand. Ob diese Niederlage seinen nach 1849 mehr und mehr sichtbaren werdenden Sinneswandel in Richtung auf eine preußisch-konservative Politik bewirkte, wissen wir nicht genau.

Jedenfalls trat dieser Sinneswandel ein, und drei bedeutende Mecklenburger (sie sollen hier nur als Beispiel für sehr viele andere stehen), die sich vor den Ereignissen des Verfassungsstreits und der „Revolution" durchaus in der Gnade des regierenden Großherzogs befanden, wurden relegiert. Demmler, Hofbaurat und Schloßbaumeister, erhielt den blauen Brief, Reinhard, Rektor zu Boizenburg und Abgeordneter in der Frankfurter Paulskirche, wurde seines Amtes entsetzt, Flemming, der Psychiater und scharfe Denker, räumte den Sachsenberg. Andere, die Gebrüder Wiggers zum Beispiel, wurden in Prozesse verwickelt und jahrelang in Bützow in Untersuchungshaft gehalten. Die alten Gewalten hatten gesiegt, die altbekannte Grundregel mecklenburgischer Innenpolitik trat wieder ins Recht: „Paragraph 1: Allens bliwwt bi'n Ollen."

Man mag mir folgen oder nicht – ich bin überzeugt, daß die innenpolitische Niederlage, die Friedrich Franz II., nunmehr siebenundzwanzig Jahre alt, durch den „Freienwalder Schiedsspruch" am 11. September 1850 einstecken mußte, den hoffnungsvollen jungen Mann tief traf. Das Urteil zeigte ihm, wo seine Grenzen waren. Er hatte sich um Wohl und Wehe seines Volkes zu kümmern, aber, bitte, als Philanthrop; er mochte milde und weise und gerecht sein, soviel er wollte, ja, er mochte Schlösser bauen und mildtätige Stiftungen gründen, und wenn Kriege vorkommen sollten, als General zu Pferde seine Mannschaften anführen, alles das sollte er, aber wo es um Politik und Macht ging, das sollte er doch bitte stille sein. Und, wir müssen es leider annehmen, er fügte sich in die ihm zugeteilte Rolle. Und seine königliche Verwandtschaft in Berlin und Potsdam hielt das auch für das beste.

Noch ein paar Rückblicke auf die Revolution – sie war im Lande Mecklenburg glimpflich abgelaufen; Barrikadenkämpfe blieben dem Großherzogtum erspart. Hier und da verprügelten Handwerksgesellen einen Bürgermeister; einer, der Herr Meyer in Malchow, holte die Husaren und ließ „scharf einhauen". Da und dort steckten Tagelöhner ein Schloß an. Sonst blieb es relativ ruhig. In der Residenz gab es ein paar Aufläufe; man warf den Honoratioren die Fenster ein, sogar Demmler, obschon selbst ein Demokrat, bekam ein paar Steine ab in seinem schönen Haus am Pfaffenteich. Aber Märztote, wie in Berlin, waren nicht zu beklagen, und Friedrich Franz hatte es nicht nötig, auf den Balkon zu treten und den Hut zu ziehen, wie es seinem königlichen Onkel in Berlin widerfuhr.

So wurde denn in Ruhe weitergebaut am Schloß auf der Insel. Nach dem Demmler-Rausschmiß holte Friedrich Franz sich den Preußen Friedrich August Stüler, der die Sache zuende bringen sollte. Der bemühte sich durchaus, Demmlersches am Schloßbild zu verwischen, aber es gelang ihm nur mäßig. Als das Schloß 1857 endlich bezugsfertig war, konnte es doch die Handschrift Georg Adolph Demmlers nicht leugnen.

Die Einzugsfeierlichkeiten gestalteten sich pompös. Am 26. Mai 1857, dem 35. Geburtstag der Großherzogin, fand der eigentliche Einzug statt; die folgenden Tage waren mit allerlei Lustbarkeiten und Kunstgenüssen angefüllt. Friedrich von Flotow, derzeitiger Intendant des Hoftheaters, hatte eine historische Oper „Johann Albrecht" (auch unter dem Titel „Andreas Mylius") komponiert, zu der Eduard Hobein, der schon erwähnte Kanzleiadvokat und Finanzkonsulent des Theaters, den Text gedichtet hatte. Hohe und höchste Herrschaften, darunter natürlich an erster Stelle König Friedrich Wilhelm IV. von Preußen, waren zu den Festlichkeiten angereist. Es ging hoch her, man tafelte in allen Sälen, verlieh und empfing Orden. Der geistig-künstlerische Vater des Schlosses, der dereinst hinausgeworfene Hofbaurat Demmler, erhielt zwar eine goldene Medaille – doch zu den Feierlichkeiten ward er nicht eingeladen. Stüler empfing aus der Hand des Preußenkönigs den Roten Adlerorden. Demmler bekam ihn nicht; es ist ihm indessen zuzutrauen, daß er ihn gar nicht genommen hätte. Vielleicht wollte man auch einen möglichen Eklat, den eine solche Ablehnung bedeutet hätte, von vornherein ausschließen, wer weiß . . .

Wir wollen hier auf eine eingehende Beschreibung des Schlosses und seiner Interieurs verzichten; wer nach Schwerin kommt, wird nicht versäumen, das Prachtstück in Augenschein zu nehmen. Das Haus (kann man dazu eigentlich noch „Haus" sagen?) wird oft verglichen mit Neuschwanstein in Bayern. Nicht wegen etwaiger Ähnlichkeit – die ist überhaupt nicht vorhanden –, sondern wegen der nahezu unglaublichen Prachtentfaltung in den Details und wegen der jeweiligen Lage beider Schlösser in einer landestypischen, üppig schönen Landschaft: Neuschwanstein hineinkom-

Goldener Saal im Schweriner Schloß, 1913 ausgebrannt

poniert in eine operettenhafte Bergwelt, Schwerin prunkvoll auf der kleinen Insel im großen, glitzernden See.

Friedrich Franz war zufrieden. Hatte sein Vater noch höchst bescheiden im Alten Palais gewohnt, hatte er selbst im Neustädtischen Palais schon etwas gehobener residiert, so verfügte er nun im Inselschloß über alle jene Räumlichkeiten, die der königlichen Würde eines Großherzogs angemessen waren. Es gab einen Thronsaal, eine Ahnengalerie, einen riesigen Festsaal, zahllose Rauch-, Tee-, Adjutanten- und Blumenzimmer, dazu Galerien, prächtige Treppen, eine Schloßkirche, Wohnräume von erlesener Pracht, ganze Fluchten von Diener- und Lakaienzimmern . . .

Nicht einmal fünf Jahre konnte sich die Großherzogin an ihrem Schloß erfreuen, bis sie 1862 starb.

Friedrich Franz verheiratete sich schon bald ein zweites Mal. Seine Wahl fiel auf die zwanzigjährige Prinzessin Anna von Hessen-Darmstadt. Aber dieses Ehebündnis hielt nicht einmal ein Jahr; Anna starb im April 1865,

Vorsaal zur Königswohnung im Schweriner Schloß

wenige Tage nach der Geburt einer Tochter, die ebenfalls Anna genannt wurde. Sie wurde nur 16 Jahre alt und starb 1882.

Die dritte Ehe schloß der Großherzog nach dreijähriger Witwerschaft 1868. Diesesmal war es Marie, Prinzessin von Schwarzburg-Rudolstadt. Sie war erst 18 Jahre alt, siebenundzwanzig Jahre jünger als ihr Mann. Mit ihr hatte Friedrich Franz vier Kinder, von denen Heinrich, der jüngste Sohn, später durch seine Heirat mit Wilhelmina, Königin der Niederlande, holländischer Prinzgemahl wurde. Marie überlebte ihren Mann um vierzig Jahre; sie starb 1922.

Friedrich Franz II. schloß sich in seiner Innen- und Außenpolitik und vorzüglich auf dem Gebiet des Militärwesens in der zweiten Hälfte seines Lebens immer mehr an Preußen an. War schon sein Verhältnis zu seinem Onkel Friedrich Wilhelm IV. sehr eng gewesen, so wurde es zu dessen Bruder und Nachfolger, Wilhelm I., nahezu herzlich. Wilhelm, der spätere „alte Kaiser Wilhelm", übernahm 1857, als Friedrich Wilhelm erste Anzeichen geistiger Umnachtung erkennen ließ, die Regentschaft und wurde nach dessen Tod 1861 König von Preußen.

Mit Preußen hatte Friedrich Franz schon 1849 einen Militärpakt abgeschlossen. Er wollte das überkommene, etwas altväterische Militärwesen seines Landes, über das man in Preußen gern spottete, modernisieren und von alten Zöpfen befreien. Dazu berief er den preußischen Militärreformer Oberst von Witzleben, der ein neues mecklenburgisches Militärgesetzbuch (1855) und ein Aushebungs- oder Rekrutierungsgesetz (1856) nach preußischem Vorbild ausarbeitete. Friedrich Franz selbst trug gern die preußische Generalsuniform. Dennoch verhielt er sich gegenüber der Politik Preußens nicht völlig kritiklos. 1866 nahm er – allerdings als Beobachter – an der Schlacht von Königgrätz teil. Im Juni 1866 hatte er mit der Übergabe des preußischen Bündnisantrages an Mecklenburg noch ganz kühn die Eingliederung Österreichs in das zu schaffende Staatsgebilde gefordert. Außerdem wünschte er weitere Verhandlungen über den Wahlmodus und die Befugnisse des von Preußen geforderten neuen Parlamentes sowie die Festlegung der Rechte des Großherzogtums Mecklenburg-Schwerin. Bismarck lehnte jedoch die Eingliederung Österreichs schroff ab und beruhigte indessen den Großherzog mit der Zusicherung, Preußen würde sich nicht in die inneren Angelegenheiten Mecklenburgs einmischen.

Den Höhepunkt seiner militärischen Karriere jedoch erlebte Friedrich Franz im Krieg gegen Frankreich. Als Befehlshaber mehrerer preußischer und einer bayrischen Division zog er am 5. Dezember 1870 in das eroberte Orléans ein, und wenige Tage später schlugen die von ihm befehligten Truppen den französischen General Chanzy bei Beaugency. Ältere Schweriner werden sich erinnern, daß es seit dieser Heldentaten des Landesvaters in Schwerin eine Orléans- und eine Beaugencystraße gab (heute Heinrich-Mann-Straße und Graf-Schack-Allee). An der Beaugencystraße hängt in Schwerin die überall in Deutschland verbreitete Wanderanekdote von dem Gendarmen, der ein krepiertes Pferd von den umstehenden Gaffern um die Ecke in die Klosterstraße schleifen läßt und erst dann das Protokoll aufnimmt . . . Polizistenwitze gab es schon im vorigen Jahrhundert. Noch eine Nebensache: die Figur der Megalopolis von

Willgohs, die auf der schlanken Siegessäule am Alten Garten in Schwerin Schwert und Lorbeerkranz erhebt, ist aus erbeuteter französischer Geschützbronze gegossen.

An der Kaiserproklamation in Versailles nahm der mecklenburgische Fürst nicht teil; aber am 16. Juni 1871 war er am Triumpheinzug in Berlin beteiligt. Der Kaiser, sein Onkel Wilhelm, verlieh ihm das Großkreuz zum Eisernen Kreuz und ernannte ihn zum Feldmarschall im Range eines Generalobersten. Im Schmuck der Insignien und der Uniform dieser Würde reitet Friedrich Franz II. in Gestalt des von Ludwig Brunow geschaffenen monumentalen Standbildes seit 1893 durch den Schloßgarten, genau in der Achse zwischen Schloß und Kreuzkanal.

Nach den euphorischen Kriegsereignissen kam Friedrich Franz noch einmal auf sein altes Steckenpferd zurück – die Änderung der inzwischen völlig veralteten Verfassung. Aber alle seine Bemühungen um eine Modernisierung der Verfassungsverhältnisse scheiterten. Ein außerordentlicher Landtag in Schwerin (1874) und der ordentliche Landtag von 1875 lehnten, mit der Majorität der Ritterschaft, die Entwürfe des Großherzogs ab. Er resignierte, versuchte 1880 einen letzten Vorstoß und scheiterte erneut. Dann gab er auf.

Zweimal entstanden neuerliche Verbindungen mit dem russischen Zarenhaus: 1874 verheiratete Friedrich Franz seine Tochter Marie (aus erster Ehe) an den Großfürsten Wladimir Alexandrowitsch (was den Bewohnern der Faulen Grube in Schwerin besonders gefiel, denn ihre Straße hieß fortan „Wladimirstraße"), und 1879 vermählte sich der Erbgroßherzog, Friedrich Franz III., mit Anastasia Michailowna Romanowa. Friedrich Franz II. starb am 15. April 1883, eben sechzig Jahre alt. Merkwürdig sind die Umstände seines Todes, sie gleichen fast aufs Haar dem Sterben seines Vaters. Bei einem Feuer in der Altstadt Schwerins beobachtete er vom Dach eines Nebenhauses die Löscharbeiten. Ohnehin schon erkältet (er hatte in offenem Wagen bei kaltem, windigem Wetter die Parchimer Dragoner inspiziert), zog er sich eine Lungenentzündung zu, an deren Folgen er nach kurzem Krankenlager starb. Im Schweriner Dom fand er seine letzte Ruhestätte.

Friedrich Franz III.
(1851–1897)

Von Friedrich Franz III. pflegten auch Kenner der mecklenburgischen Geschichte etwas herablassend anzumerken: „Friedrich Franz wurde geboren, reiste nach Cannes und starb dort", ein böses Bonmot, fürwahr. Auf den ersten Blick entbehrt es ja auch nicht der Berechtigung. Seine Regierungszeit fällt in die Jahre von 1883 bis 1897, und dies sind Jahre, in denen die deutsche und auch die mecklenburgische Geschichte arm erscheinen an äußeren Ereignissen von Bedeutung, verglichen etwa mit der Regierungszeit des Vaters, Friedrich Franz II., die einundvierzig Jahre dauerte (1842–1883) und entschieden spannender und aufregender war als die des Sohnes im satten Frieden der Kaiserzeit.

Erst bei näherem Hinsehen entdecken sich uns die interessanten Begebenheiten dieses Lebens, vor allem die inneren Vorgänge im Großherzogtum Mecklenburg-Schwerin und die vielfachen, nahezu labyrinthisch verschlungenen verwandtschaftlichen Beziehungen zu den Fürstenhäusern Europas.

Über das Leben Friedrich Franz' III. erschien schon sehr bald nach seinem Tode in Friedrichs Bahns Verlag zu Schwerin (1898) eine Biographie von Dr. Carl Schröder. Das Buch ist bemerkenswert in mancherlei Hinsicht – zunächst besticht es durch Akribie, die gelegentlich in krümelige Pedanterie ausartet; sodann zeigt es die Fähigkeit seines Verfassers, selbst bei langweiligsten Passagen brillant zu formulieren, und schließlich nennt es so viele interessante Namen und Nebensächlichkeiten, die ja bekanntlich das Salz an der Lebenssuppe sind, daß wir dem Verfasser nur ungern verzeihen, auf ein Namensregister verzichtet zu haben.

Dr. Carl Schröder hatte Philosophie und Geschichte studiert und war als „Instrukteur" (= Prinzenlehrer) von Friedrich Franz II. angestellt worden. In dieser Eigenschaft half er seinem Schüler (auch er wieder „Prinz Friedrich" genannt) über die Klippen des Vitzthumschen Gymnasiums zu Dresden, begleitete ihn später auf vielen Reisen und bei zahllosen Kuraufenthalten und darf wohl mit Fug und Recht einer der besten Kenner der komplizierten Persönlichkeit gelten, die als Friedrich

70

Großherzog Friedrich Franz III.,
Gemälde von Joseph Schretter, 1896

Franz III. den mecklenburgischen Thron 1883 bestieg. Waren seine Vorgänger, die beiden Friedrich Franze Eins und Zwei und der dazwischen, wenn auch nur kurz, regierende Paul Friedrich kraftvolle, lebenszugewandte und gesunde Männer, so war der dritte F.F. schon als Erbgroßherzog und Thronfolger, ja von Kind auf an, zunächst kränkelnd und später zeitlebens chronisch krank. Ein schweres, unheilbares und mit damaligen medizinischen Mitteln auch kaum beeinflußbares Asthmaleiden hing ihm an. Wir werden die Geschichte dieser Krankheit noch verfolgen müssen.

Carl Schröder hat in seinem Buch eine ausführliche Beschreibung aller Maßnahmen gegeben, die der Fürst und seine Ärzte gegen die Atemnot ins Feld geführt haben. So liest es sich streckenweise wie ein balneologisches Fachwerk. Schröder wurde, nachdem F.F. III. die Thronfolge angetreten hatte, schon bald, aus ehrlich-anhänglicher Dankbarkeit des Großherzogs an seinen einstigen Lehrer, mit der Reformierung und Leitung der Regierungsbibliothek beauftragt, eine Stellung, die Schröder auf Anfrage des Landesherren ausdrücklich gewünscht hatte. Ein Glücksfall solcher Protektion – Schröder schuf wirklich eine für damalige Verhältnisse moderne, universelle und öffentliche Bibliothek, auf die Schwerin und das ganze Land stolz sein konnten und können. Vielleicht ist dies schon der erste Punkt für den kranken Fürsten: daß er seinen Lehrer zum Bibliothekar machte und durch ihn eine so vorzügliche Bibliothek schuf, die bis heute mit ihren überaus reichen, für das 19. Jahrhundert ausgesprochen brillanten Beständen unverzichtbar ist, ehrt ihn. Er selbst führte der Bibliothek zahlreiche Teilbestände zu, ließ aus dem Schloß Ludwigslust die besonders an Werken des 18. Jahrhunderts reiche Privatbibliothek an die Regierungsbibliothek überweisen und vertraute ihr auch große Teile seiner eigenen Privatbibliothek an. So muß man heute lange suchen, ehe man ein Gebiet mecklenburgischer Geschichte und Kulturgeschichte findet, das nicht durch entsprechende Bibliotheksbestände dokumentiert wäre. Das trifft übrigens auch auf die belletristische Literatur zu. Bis heute befindet sich diese Schatzkammer in den Kreuzganggebäuden des Domes, wo Schröder, der seit 1885 auf großherzoglichen Wunsch die Umbauarbeiten leitete, endlich 1886 als leitender Bibliothekar eingezogen war.

Regierungsbibliothek im Dom, 1886

Wenn auch seit langem ein Neubau nötig wäre, die unaufhörlich wachsende Bibliothek in ausreichenden Räumen aufzunehmen, so werden die
Freunde dieser Büchersammlung doch immer mit Wehmut an die endlosen, engen Magazingänge und -böden, die knarzenden Dielen und
die schmalen Stiegen und Treppen denken, an die Stille zwischen den
vielen tausend Büchern, deren jedes seine Geschichte hat. Ob, wie hier,
Dr. Schröders Geist noch anwesend sein wird, wenn die Bücher in klima-

tisierten Magazinhallen mit Rollregalen, Förderbändern und Computern aufgestellt sind?

Ich bitte um Verzeihung, ich habe mich in meiner bibliothekarischen Ethik verloren, anstatt nun endlich den Gegenstand unserer Darstellung in das Zentrum zu rücken.

Friedrich Franz III. wurde am 19. März 1851 (Schröder weiß es genau: um 12 Uhr 25 mittags) im Schloß Ludwigslust geboren. Das Land hatte einen Thronfolger, wie es sich gehörte. Einhundertein Böllerschüsse dröhnten durch das Städtchen, Eilstafetten jagten nach Schwerin, das Land fiel in die erwartete Euphorie, Grußadressen, Glückwünsche und Geschenke trafen ein, die evangelische, die katholische und die rabbinische Geistlichkeit ließen Gebete sprechen, Boten eilten „an die Verwandten Höfe". Am 3. Mai empfing der Knabe im Goldenen Saal des Schlosses zu Ludwigslust die Taufe. Hauptpate war König Friedrich Wilhelm IV. von Preußen; er hielt das Kind über die Fünte. Ob auch hier (wie später noch öfter bei großherzoglichen Taufen) mit Jordan-Wasser getauft wurde, ist nicht überliefert. Die Liste der Taufpaten macht uns wieder deutlich, daß es sich bei den Schweriner Fürsten nicht um irgendwelche Winkelherrscher handelte, sondern daß das Haus Mecklenburg-Schwerin gedeihliche Reputation genoß – neben F.W.IV., den wir schon erwähnten, waren es der Zar Nikolaus von Rußland, der König Ernst August von Hannover, Georg von Mecklenburg-Strelitz und Heinrich IV. Reuß. Und daß die Taufe in Ludwigslust (wie auch schon die Entbindung) stattfand, lag einfach daran, daß das Schloß in Schwerin sich noch im schönsten Umbau befand und das Neustädtische Palais wohl für zu bescheiden gehalten wurde. Die Ludwigsluster jedenfalls waren sehr zufrieden, und jedesmal, wenn großherzoglicher Glanz auf sie fiel, drehten sie den Schwerinern eine Nase: „Sie mögen ja in Schwerin dirigieren, aber gespielt wird in Ludwigslust!" soll der Hofprediger Walter, der die Taufhandlung vornahm, einmal gesagt haben. Familiäre Ereignisse des großherzoglichen Hauses waren im 19. Jahrhundert weit wichtiger, als man denkt. Mit ihren Geprängen und Zeremonien repräsentierten sie den Status der Fürsten, und es war für die kleine Nebenresidenz Ludwigslust durchaus bedeutsam, wenn erlauchte und gekrönte Häupter anreisten, um der Taufe, der Konfirmation, der Verheiratung oder dem Begräbnis der Verwandtschaft beizuwohnen. Sie kamen ja nicht allein, sie kamen mit ihrem Gefolge. Und alle mußten untergebracht werden, nicht nur die Potentaten, sondern auch ihre Kutscher und Pferde. Das brachte Betriebsamkeit und Erwerb in die Stadt, Gastwirte und Delikatessenhändler, Hufschmiede und Rademacher, Gärtner, Schuster und Schneider – sie alle witterten das Geschäft und machten es auch.

Eilfertig war man bedacht, den Titel eines „Großherzoglichen Hoflieferanten" oder „Hofouvriers" zu erlangen. Gewiß, man „spielte" in Ludwigslust: man spielte immer noch das 18. Jahrhundert nach, Tamboure und Hofhautboisten lieferten die Musik, und des Großherzogs Leibkompanie hielt, aufgeputzt wie zu Zeiten Friedrichs des Frommen, feierliche Ehrenwache, die Taufhandlung und den Täufling symbolisch zu beschützen. Er, der Täufling, wurde, dem Herkommen gemäß, gleich nach seiner Ankunft im irdischen Jammertal zu Ludwigslust in die Stammrolle des Gardegrenadier-Bataillons „enrolliert", eingetragen also – Soldat schon mit dem ersten Schrei.

Trotzdem begann mit Friedrich Franz III. die moderne Zeit der Großherzöge. Er wurde schon ins Eisenbahnzeitalter hineingeboren und mußte nicht, wie sein Vater, gewissermaßen den Schienenstrang „an Land ziehen". Auch Friedrich Franz III. besuchte nach häuslicher Erziehung ein Dresdner Gymnasium. Jedoch schickte man ihn nicht auf das ziemlich sterile Blochmannsche Institut, sondern gab ihn auf das Vitzthumsche Gymnasium in eine ganz normale Klasse. Damit durchbrach F.F.II. das Herkommen ganz entschieden; er wünschte, daß sein Sohn nicht in der Abgeschlossenheit einer adligen Anstalt, sondern im Kontakt mit dem normalen Leben seinen Wissenserwerb betreiben sollte. Gewiß – auch das Vitzthumsche Gymnasium war keine Volksschule, sondern ein vornehmes Institut mit „teuren" Schülern, deren Eltern es sich leisten konnten, die Ausbildung zu bezahlen.

Die ersten vierzehn Lebensjahre des Prinzen verliefen jedoch noch im geregelt-unruhigen Rhythmus des Hoflebens: Man hielt sich im Winter und im Frühjahr in Schwerin auf, der Sommer wurde in Gelbensande oder „am Damm", in Doberan und Heiligendamm, zugebracht, der Herbst in Ludwigslust. Zwischenzeitlich wurde gereist; bevorzugte Ziele zu Erholungsaufenthalten waren Südfrankreich, die Schweiz und wegen der schon im Kindesalter häufigen „Affectionen des Bronchialapparats" der Kurort Münster am Stein im Nahetal. Alle Reisen unternahm der aufgeweckte und neugierige Prinz Friedrich mit seinem nur ein Jahr jüngeren Bruder Paul Friedrich. In den Briefen, die Friedrich von den einzelnen Aufenthaltsorten an seinen Vater und seine Mutter schrieb, spricht eine mitunter kuriose Mischung aus Altklugheit und Naivität.

Seine Mutter übrigens, die Großherzogin Auguste, verlor Friedrich schon 1862. An seine zweite Mutter, Anna von Hessen-Darmstadt, konnten weder er noch seine drei Geschwister sich recht gewöhnen. Sie war nur eben acht Jahre älter als er selbst und starb nach nur einjähriger Ehe mit Friedrich Franz II. im Jahre 1865. Ob Friedrich seine Stiefmutter Anna überhaupt richtig kennenlernen konnte, muß bezweifelt werden. Schon am 12. Mai 1864 hatte die Hochzeit stattgefunden, natürlich wieder mit dem üblichen Gepränge, wobei das großherzogliche Ehepaar den ganzen Frühsommer hindurch von einem festlichen Einzug zum nächsten, von einem Prunkmal zum anderen reiste. Prinz Friedrich laborierte indessen wieder an den schon bekannten „bronchialischen Affectionen", und Vaters Leibarzt Dr. Mettenheimer (1824–1898) riet ganz entschieden, den Halbwüchsigen für ein bis zwei Jahre in den Süden zu schicken. Zu diesem Zwecke wurde in dem Gebirgsstädtchen Bagneres-de-Bigorre in der südfranzösischen Provinz Hautes Pyrénées eine Villa angemietet, die den Namen „Graciosa" führte, „ohne sich durch Zierlichkeit auszuzeichnen", wie Dr. Schröder sich nicht enthalten konnte anzumerken. Zusammen mit seinem Bruder Paul und begleitet von dem Gouverneur Baron von Nettelbladt und den beiden Prinzenlehrern Dr. Gerlach und Dr. Schröder sowie einer „angemessenen Dienerschaft" reiste Prinz Friedrich im Oktober 1864 ab. Erst zu seiner Konfirmation 1866 kehrte er nach Mecklenburg zurück.

Das Leben in Bagneres war streng reglementiert; Zerstreuungen hielten sich in Grenzen. Es ging darum, die Prinzen auf den späteren Besuch des Gymnasiums vorzubereiten. Also mußte gebüffelt werden. Der Stundenplan war umfangreich. Bereits um 6.30 Uhr am Morgen begann man. Unterrichtsfächer waren Naturwissenschaften, Deutsche, Französische und

Englische Sprache, selbstredend die Anfangsgründe des Latein, aber auch Geschichte und Philosophie sowie Kunstbetrachtung und Zeichnen wurden vermittelt. Für einige der Fächer, für die die beiden „Instruktoren" Gerlach und Schröder nicht qualifiziert waren, holte man örtliche Kräfte herbei – ein Anglikanerprobst lehrte Englisch, ein reformierter Pastor gab Religion und Naturgeschichte. Nur mit dem Klavierunterricht gab es Malaisen – beide Prinzen waren von Herzen unmusikalisch. So wurde die Tortur aufgegeben, was nicht wenig für das pädagogische Geschick der Instruktoren spricht: es sollte nichts eingepaukt werden, wenn die Begabung fehlte.

Gelegentlich kam Besuch; die Badeorte am Fuß der Pyrenäen waren das bevorzugte Ziel der Beau-monde jener Zeit. „Jet-set" würde man das heute nennen. Der wichtigste Besuch war der des Großherzogs im September 1865. Da war seine junge Frau Anna, die Stiefmutter des Prinzen Friedrich, schon fast ein halbes Jahr tot.

Dr. Carl Schröder, den wir dankbar schon mehrfach zitierten, teilt die erheiternde Episode mit, die doch noch schnell erzählt werden soll. Wie in Deutschland, ja, wie in Ludwigslust, war es auch in Frankreich und, selbstredend, in Bagneres üblich und ganz in Ordnung, daß sich ansässige Gewerbetreibende einen fürstlichen Titel zu verschaffen suchten, um ihr Geschäft zu beleben. Ein kräftiger, sportlicher Bagneresaner, der als Turnlehrer für die Prinzen engagiert worden war, übte den Beruf eines Hühneraugenoperateurs, eines damals in Mecklenburg so bezeichneten „Leichdornschneiders", aus. Er stellte den Antrag, aus Anlaß des Besuchs des Großherzogs den Titel „Pèdicure de S.A.R, le Grand-Duc de Mecklembourg" verliehen zu bekommen. Nach Schröder soll Friedrich Franz II, gelacht haben: „Es braucht doch niemand zu wissen, daß ich Hühneraugen habe!" Wie schön – er hatte welche. So erfahren wir das Menschliche, Allzumenschliche auf dem anekdotischen Umweg. Der Heimweg nach Mecklenburg, der durch Südfrankreichs schönste Gegenden des Languedoc und der Provence führte, mußte in Marseille unterbrochen werden, weil ein Fußleiden des Erbgroßherzogs kuriert (Schröder meint gar „operiert") werden mußte. Aber endlich doch, am 6. Juni 1866, traf Friedrich wieder in Schwerin ein.

Die politischen Ereignisse des Jahres 1866 berührten die mecklenburgische Residenz nur mittelbar. Friedrich Franz II. befehligte ein Reserve-
corps, das aus mecklenburgischen, hannoverschen und anhaltinischen Re-
gimentern bestand, aber nicht zum kriegerischen Einsatz kam. Ob Prinz
Friedrich sich in Raben Steinfeld, wo er mit seinem Bruder in die Obhut
der Großherzogin-Mutter Alexandrine gegeben wurde, lieber zusammen
mit seinem Vater ins – doch wohl eher stille – „Kriegsgetümmel" gestürzt
hätte, wissen wir nicht. Immerhin trug er ja den Titel eines „Premier-
Lieutenants" des Garde-Grenadier-Bataillons. Vorrang vor militärischen
Abenteuern hatte zunächst der Konfirmandenunterricht, und man kann
sich denken, daß die inzwischen dreiundsechzigjährige Alexandrine auf
seine erfolgreiche Abhaltung mehr Wert legte als auf soldatische
Ertüchtigungen. Alexandrine, der wir schon mehrfach unseren auf-
richtigen Respekt gezollt haben, war in all der Turbulenz der großher-
zoglichen Familiengeschichte der ruhende Pol, eine Art „Hafen-
kommandant". Schwerin verließ sie fast nie, höchstens einmal nach
Raben Steinfeld über'n See verlegte sie, aus ihrem angestammten Alten
Palais, ihren Sommersitz. Ihren Enkeln war sie eine gestrenge „Omama",
zutiefst respektiert und verehrt. Die Rolle der alten Dame am
Schweriner Hof ist vielleicht am ehesten mit jener zu vergleichen, die
„Queen Mom" Elizabeth heute am britischen Königshof spielt – die
Große alte Dame, die sich immer im richtigen Moment zu Wort meldet
und beides sein kann: volksnah oder unnahbar, dabei gebildet, taktvoll
und klug.
Eine der späteren Töchter Friedrich Franz' III., Cecilie, die 1930 ihre
Erinnerungen veröffentlichte, gibt darin eine recht anschauliche Beschreibung der „Alten Hoheit":
„Die preußische Tradition am Schweriner Hofe erschien sozusagen ver-
körpert in meiner Urgroßmutter, der Großherzogin Alexandrine, Schwester
Kaiser Wilhelms I. und Tochter der Königin Luise. (. . .) Da mein Urgroßvater Großherzog Paul Friedrich bereits im Jahre 1842 gestorben ist, hat
meine Urgroßmutter fünfzig Jahre lang – bis 1892 – als Witwe gelebt; die
offizielle Bezeichung ‚Großherzogin-Mutter' ist ihr bis ans Lebensende
geblieben. Sonst wurde sie in Mecklenburg, wo sie sich größter Liebe und

Verehrung erfreute, allgemein nur „die Hoheit" genannt, im Alter „die Alte Hoheit". Sie gab sich ganz frei in ihrer Warmherzigkeit, ihre Güte kam aus einer tiefen Menschlichkeit. Sie hatte sehr viel Natürlichkeit in ihrem Wesen, war einfach, ohne Pose, dabei immer vornehm in ihrem Auftreten. (. . .) Mit sehr viel natürlichem Verstand verband sie große Menschenkenntnis . . ." Unter der Aufsicht der „Alten Hoheit" büffelten nun die Prinzen Friedrich und Paul die Hauptstücke des Katechismus. Friedrich wurde schließlich am 9. Oktober 1866 in der Schloßkirche zu Schwerin konfirmiert und erhielt vom Oberhofprediger Jahn den Spruch mit auf den Weg: „Sei getreu bis in den Tod, so will ich dir die Krone des Lebens geben".

Gemeinsam mit seinem Bruder bezog Friedrich Ende Oktober das Vitzthumsche Gymnasium. Um nach Dresden zu gelangen, mußte man nun nicht mehr, wie ehedem noch Vater Friedrich Franz II., endlose und kräftezehrende Fahrten im pferdegezogenen Reisewagen auf holprigen Straßen zurücklegen. Man setzte sich in Berlin auf die Eisenbahn und traf nach etwa fünf Stunden bereits auf dem Böhmischen Bahnhof in Dresden ein. Vor dem Beginn der Schulzeit waren Friedrich und sein Bruder Paul noch zu einem Besuch bei König Wilhelm nach Berlin und Potsdam „befohlen" worden. Der „Onkel König war sehr gnädig" und machte seinen Großneffen noch schnell zum preußischen Premierlieutnant, nicht ohne den Gouverneur, Herrn von Nettelbladt, zu ermahnen: „Vergessen Sie nicht, daß eine Erbverbrüderung zwischen Preußen und Mecklenburg auch in der Gesinnung fortbestehen bleibe!"

Das Gymnasium lag in der Großen Plauenschen Straße, von der heute nur ein Stummelchen existiert, abzweigend von der Feldgasse. Gleich um die Ecke in der Dippoldiswalder Gasse, nur wenige Schritte vom Gymnasium entfernt, bezogen die Prinzen und die Familie des Herrn von Nettelbladt ein angemietetes Haus. Der Schulweg war also kurz; er wurde zu Fuß absolviert. Die Aufnahmeprüfung verlief glimpflich. Friedrich wurde in Untersecunda aufgenommen und zunächst zu Nachhilfestunden in Mathematik und Altgriechisch verdonnert. Die ersten Wochen hatte der junge Bursche natürlich Heimweh, aber nach und nach gab sich das. Er empfand es als sehr angenehm, in einer richtigen Schulklasse unterrichtet zu werden. „Es ist so ungleich viel anregender und weniger anstrengend als der Privatunterricht", berichtet er an seinen Vater nach Schwerin.

Dresden fing an, ihm zu gefallen. Als Folge des Krieges war Dresden im Herbst 1866 noch preußisch besetzt, aber nach und nach zogen die Truppen ab, und König Johann von Sachsen kehrte im November in seine Residenz zurück. Sofort ließ er die mecklenburgischen Prinzen zu sich kommen. Einen Orden oder Titel verlieh „dr Geenich" nicht an Friedrich, dazu sah er wohl keine Veranlassung, schließlich hatte Großherzog Friedrich Franz soeben noch auf der „feindlichen Seite", bei den Preußen, gestanden, was uns des preußischen Königs mahnenden Hinweis auf die „Erbverbrüderung" verständlicher werden läßt. Trotzdem aber muß die Audienz zu allseitiger Zufriedenheit verlaufen sein, denn Prinz Friedrich meldete seinem alten Herrn nach Schwerin: „Der König ist ein ganz prächtiger Herr!"

Natürlich war das Dresdner Elbtal mit seiner nicht eben erfrischenden Luft für die Bronchien Friedrichs kein Labsal. So wurde in den ersten Sommerferien eine längere Südlandreise angetreten, die, in schon beschriebener Weise, mit Gouverneur und Instruktoren, in die Schweiz, nach Oberitalien und Österreich führte. Das zweite Schuljahr machte dem jungen Mann etwas Mühe, denn er war nun in ein Alter gekommen, wo sich junge Männer natürlicherweise für die Damenwelt zu interessieren beginnen. Bälle und Einladungen gab es genug. So kam es zu gewissen Konflikten „zwischen Schule und Leben . . . Wenn er an der Tafel bei den Majestäten gesessen hatte und dann noch seine häuslichen Aufgaben machen sollte, wenn er auf einem Balle beim Kronprinzen gewesen war (. . .) und in der Frühe des folgenden Tages mit seiner Mappe zur Schule wandern mußte, so kam ihn das hart an", schreibt Schröder. Das läßt sich denken. Moderne Gymnasiasten, auch wenn sie in der Disco und nicht beim Kronprinzen auf dem Ball waren, kennen dieses Gefühl. Da muß man durch.

Nun, Friedrich kam auch durch. Im März 1870 machte er sein Abitur. Die Zensuren lauteten „ IIa in litteris, I in moribus", was wir etwa mit „recht gut in den Wissenschaften, sehr gut im Betragen" übersetzen können. Daß dieser Dresdner Schulbesuch eines deutschen Fürstensohnes auf einem

„normalen" Gymnasium keineswegs die Norm war, entnehmen wir dem Programm des Vitzthumschen Gymnasiums zu Ostern 1870, in dem der Konrektor Dr. Conrad Fleckeisen, wohl selbst überrascht, diese Feststellung trifft: „Wir können nicht unterlassen, auf diesen gewiß höchst seltenen Fall besonders hinzuweisen, daß das Haupt eines deutschen Regentenhauses (gemeint ist F.F.II.) den hochherzigen Entschluß gefaßt und durchgeführt hat, seinen Erstgeborenen auf den Schulbänken eines deutschen Gymnasiums, umgeben von Mitschülern aller Stände und in rühmlichen Wetteifer mit diesen, sich diejenigen Kenntnisse aneignen zu lassen, welche ihn in den Stand setzen sollten und gesetzt haben, eine Prüfung ehrenvoll zu bestehen, die für alle künftigen Diener des Staates und der Kirche vorgeschrieben ist."

Das Lob trifft zwar auch den Schüler, mehr aber noch den Vater. Der hatte sich unterdessen ein drittes Mal verheiratet. Marie von Schwarzburg-Rudolstadt war siebenundzwanzig Jahre jünger als ihr Gemahl und nur ein Jahr älter als ihr Stiefsohn Friedrich. Auch zu ihr konnte der junge Mann natürlich kaum ein Sohn-Mutter-Verhältnis aufbauen; das Verhältnis zu seiner Stiefmutter war eher geschwisterlich und vom Konsens der gleichen Generation bestimmt. Vater F.F.II. übrigens erwies sich auch in dieser Ehe wieder recht potent; Marie gebar ihm vier Kinder. Insgesamt ist Friedrich Franz II. mit elf Kindern von drei Frauen der zeugungsfreudigste aller Großherzöge des Hauses Mecklenburg-Schwerin gewesen.

Noch eine Anmerkung zu der Anmerkung des Konrektors Fleckeisen muß gemacht werden. Wenn schon die Wahl dieser öffentlichen Schule ein Zeichen von Toleranz und Wirklichkeitsnähe war, so nimmt F.F.II. letztlich auch dadurch für sich ein, daß er niemals verlangte, seine Kinder sollten ihn in der dritten Person anreden. In allen Briefen findet sich das vertrauliche Du, und Friedrich, als Vater ihm den Jahreswechsel für den Dresdener Aufenthalt hinaufsetzte, dankt mit der für einen jungen Mann erstaunlichen Anrede: „Mein liebster Engelpapa!" Bereits im Januar 1870, also bereits vor dem Abitur (!), war Friedrich Franz bei Gelegenheit der Einweihung des neuen, von Hermann Willebrand im Stil der italienischen Renaissance errichteten Hauptgebäudes der Rostocker Universität feierlich als „stud. jur." immatrikuliert worden, aber zu einer regelrechten

Aufnahme des Studiums kam es seltsamerweise nicht. Gleich nach den Prüfungen in Dresden unternahm er eine Romreise. Hier fand gerade das Vatikanische Konzil statt, das die Bestätigung des Dogmas von der Unfehlbarkeit des Papstes zum Ziel hatte. Trotzdem fand Pius IX. Zeit, den protestantisch erzogenen Fürstensproß aus Europas fernem Norden „huldreich" zu empfangen. Aus Berlin herbeibeordert wurde Professor Friedrich Eggers, der an der Kunstgewerbeschule Kunstgeschichte lehrte, um dem Prinzen Friedrich die Ewige Stadt zu erläutern. Eggers, der auch als plattdeutscher Dichter hervorgetreten ist („Tremsen", 1875; zusammen mit seinem Bruder Karl Eggers), galt als erste Kapazität in Kunstdingen und hat auch den Schriftsteller Heinrich Seidel, der als angehender Stahlbaukonstrukteur an der von Schinkel gegründeten Kunstgewerbeschule studierte, stark beeinflußt. Als gebürtigem Mecklenburger wird es ihm eine Ehre gewesen sein, den Erbgroßherzog in die Kunstschätze Roms einzuführen, und der Thronerbe wird kaum bemerkt haben, daß er noch einmal in die Schülerrolle trat, denn Eggers war ein begnadeter Pädagoge, der es mit der empirischen Methode hielt und die Entdeckerfreude seiner Schüler zu schüren wußte. Eggers ist zwei Jahre nach dieser Romreise gestorben.

Im Mai beschloß Friedrich, daß es nun wohl doch an der Zeit sei, sich um das Studium zu kümmern. Merkwürdigerweise begab er sich jedoch nicht nach Rostock, wo er ja bereits in der Matrikel stand, sondern nach Bonn, wo er sich erneut immatrikulieren ließ. Aber auch hier wurde es nicht viel mit dem Studieren, denn am 19. Juni 1870 begann der Krieg gegen Frankreich.

Friedrich, sowohl mecklenburgischer als auch preußischer Premier-Lieutnant, im waffenfähigen Alter, konnte und wollte sich wohl nicht auf seine Asthma-Probleme berufen. Vater F.F.II. ließ bei Onkel Wilhelm in Berlin anfragen, ob der Erbgroßherzog nicht zum königlichen Hauptquartier „attachiert" werden könne. Dies geschah; schon am 29. Juli hatte sich Friedrich in Berlin zu melden. Nun begann ein Soldatenleben von einiger Seltenheit.

„Onkel König" Wilhelms Hinweis auf die „Erbverbrüderung", vier Jahre zuvor in Potsdam ausgeprochen, war jetzt strikt zu befolgen. Vater Friedrich Franz II. zog mit seinen mecklenburgischen Truppen zunächst auf Küstenwacht. Da aber kaum feindliche Schiffe in die Ostsee einliefen, setzte man die Mecklenburger, durch Bayern und preußische Regimenter verstärkt, nach Frankreich in Marsch, wo sie zunächst Vorposten- und Wachaufgaben zu erfüllen hatten. Dann folgten Belagerungen und Gefechte; die Städte Toul, Orléans und Beaugency wurden erobert. Aber, wie gesagt, das war Vaters Werk; der Sohn, im Hauptquartier des Königs, hatte es durchaus leichter und kam kaum mit dem wirklichen Krieg in Berührung. Jedenfalls blieb eine gewisse Distanz. Er hat in mehreren Briefen an seine jugendliche „Stiefmutter", immer mit dem Hinweis, seine Berichte auch ja an den Papa weiterzuleiten, von seinen Kriegserlebnissen Mitteilung gemacht. Zunächst nach Berlin beordert, schloß er sich dort dem königlichen Stab an. Vor der Abreise des Königs in das Kriegsgebiet, zunächst allerdings nur bis Mainz, wo sich das Hauptquartier des Stabes befand, nahmen alle Offiziere an einem Gottesdienst im Dom zu Berlin teil, „wo Hengstenberg sehr schön predigte". Oberhofprediger Hengstenberg, Herausgeber der evangelischen Kirchenzeitung, ein ultraorthodoxer Protestant, gewissermaßen der „Kliefoth von Preußen", sparte nicht mit Versicherungen, daß Gott ein Preuße sein müsse, wie könne es wohl anders sein. So gesegnet, zog Wilhelm I. in den Krieg und kehrte als Kaiser heim. Sein Großneffe hatte das Vergnügen, während des Feldzuges stets in der Nähe des Königs zu sein. Der zeigte seinem Großneffen die anfeuernden Telegramme, die „Großmama" Alexandrine ihrem Bruder aus Schwerin sandte, und der Feldmarschall Moltke (natürlich ein Mecklenburger, aus Parchim gebürtig) „rieb sich vergnügt die Hände, er sah aus wie ein Jagdgeber, der sich freut, daß die Gäste was geschossen haben", als die Nachricht vom Sieg bei Weißenberg eintraf. Das königliche Hauptquartier wurde mit jedem Sieg ein Stückchen weiter nach Süden verlegt, schließlich nach Faulquemont, Pont-à-Mousson, Rarecourt, Reims, Lagny bei Paris – immer in gebührendem Abstand zu den „heißen Zonen" des Krieges. Einmal sah Friedrich „ein Schlachtfeld, ein schrecklicher Anblick, viel Todte und Verwundete lagen um uns herum, aber merkwürdig, wie schnell man sich an diesen Anblick gewöhnt." Ein andermal übernachtete er mit Bismarck und dem amerikanischen General Sheridan in einem Zimmer eines halbzerschossenen Bauernhofes. Das war die Nacht nach der Schlacht von Gravelotte, wo der Erbgroßherzog zum ersten Mal richtigen Pulverdampf zu riechen bekam. Bismarck hat, wie Moritz Busch mitteilt, in seinen Tischgesprächen den Vorfall erwähnt: „Der Erbe eines der mächtigsten deutschen Potentaten (nämlich Friedrich Franz II.) hielt bei dem gemeinsamen Wagen Wache, daß nichts gestohlen würde, und ich (Bismarck) machte mich mit Sheridan auf, um nach einer Schlafstelle zu rekognoszieren." Wie fühlte er sich, der junge Prinz aus Mecklenburg, allein, nachts, neben dem Wagen des Kanzlers, während am Himmel noch der Feuerschein brennender Dörfer loderte und Geschützdonner zu hören war? Hatte er Angst? Wir wissen es nicht.

Ein anderes Erlebnis betrifft die Kapitulation Napoleons III. in der Festung Sedan. Da streifte der Mantel der Geschichte den jungen Erbgroßherzog, als er den König begleiten durfte, um Napoleon III. nach geschehener Kapitulation in Le Fresnois zu begrüßen. „Der König kam mit dem Kaiser (aus dem Schloß Le Fresnois) heraus, es war das erste Mal, daß ich ihn sah, er sah ziemlich gedrückt aus und wischte sich einige Thränen aus . . ." Frankreich war geschlagen.

Eines der wichtigsten Ereignisse der deutschen Geschichte des 19. Jahrhunderts sah Friedrich Franz gleichfalls als unmittelbarer Zeuge: die Proklamation des preußischen Königs Wilhelm zum deutschen Kaiser. Das berühmte Historiengemälde Anton von Werners, den historischen Akt im Spiegelsaal von Versailles darstellend, erschien mir stets übermäßig pomphaft und glorifizierend; die Beschreibung, die Friedrich Franz in einem Brief vom 25. Januar 1871 liefert, bestätigt indessen einen gewissen Realismus. Zunächst gibt es (alles findet im Spiegelsaal statt) einen Feldgottesdienst mit Liedgesang, vollständiger Liturgie und „einer leider etwas zu langen und politischen Rede" des Feldpredigers Rogge. Nach dem Segen „gieng der König an die dem Eingang gegenüberliegende schmale Seite der Galerie und stellte sich auf eine dort errichtete Estrade . . . Wir Prinzlichkeiten stellten uns im Halbkreis um den König." Also einer der glanzvoll montierten Herren auf dem Bilde links um und hinter Wilhelm muß Friedrich Franz sein. Daß er und nicht sein Vater dem Akt beiwohnte, machte ihn durchaus stolz, wenn auch hier wieder das verdammte

Einzug mecklenburgischer Truppen 1871 in Schwerin

Asthma den berühmten Strich durch die Rechnung machte. An dem Galadiner, das sich dem Proklamationsakt anschloß, konnte er nicht teilnehmen: „ . . . schenkte ich mir, meiner schwachen Konstitution wegen, diese Strapaze."

So reiste er aus dem gewonnenen Krieg weg nach Venedig, um sein Leiden dort etwas zu lindern. In Venedig ging's ihm sehr gut: „Dort haben wir vier Wochen lang des entzückendsten dolce farniente gepflogen, gewürzt durch liebenswürdige Frauen, angenehme Männer, poetische Gondelfahrten, theils am heißen Mittag, wo wir uns Kühlung suchen, auf den Lagunen schaukelten, theils am Abend, wo wir in Begleitung schöner Frauen den Canal Grande hinabgondelten und unter dem Rialto bei Fackelschein dem eigenthümlichen Gesange der Gondoliere lauschten. Wir hörten die reizenden Melodien der italienischen Oper Ruy Blas in dem schönen Teatro Fenice und ergötzten uns an dem Coquettieren alter abgetakelter Schönheiten, kurz, es war ein Leben voll heiterer Abwechslung und die Erinnerung weckt noch immer melancholische Gefühle in unseren durch Herrn Amor verwundeten Herzen." Eijeijei! Nun ja, Friedrich Franz war zwanzig Jahre alt, seiner im nebligen Norden ihn ständig belauernden Krankheit für eine Weile entronnen, und der leicht schwülstige Stil sei ihm verziehen – er entspricht eigentlich gar nicht seinem Charakter.

Das Studium zu Bonn, das nun eigentlich wieder hätte einsetzen sollen, wurde mehrfach durch Kuren unterbrochen, Heilanstalten in Gräfenberg im mährischen Teil Schlesiens, Johannisberg am Rhein, nahmen ihn für kürzere und längere Zeit auf. Insgesamt blieb Friedrich Franz, zuletzt wieder mit seinem jüngeren Bruder Paul, bis zum Sommer 1873 in Bonn immatrikuliert. Nachhaltigeren Einfluß übten zwei Professoren auf ihn aus; er hat sie später oft zitiert: der Historiker Heinrich von Sybel und der Kunstgeschichtler Anton Springer. 1874 setzte er sein Studium in Rostock fort, aber war es wohl – mit Verlaub – ,was Rechtes?' „Mir geht es, Gott Lob! sehr gut, ich bin, seit ich hier lebe, fast gar nicht krank gewesen, habe einen sehr hübschen Winter, theils hier, theils in Schwerin zugebracht, studiere dabei etwas Recht und etwas Philosophie und National-Oeconomie und denke Ende dieses Semesters auch hierunter einen Strich zu machen. Was dann? das wissen die Götter!"

Nachdem er dann tatsächlich einen Strich gemacht hatte – ein wie auch immer gearteter universitärer Abschluß jedenfalls wurde nicht erreicht – trat die Frage „Was dann?" ebenso an ihn heran wie an seinen Großvater Paul Friedrich zwei Generationen und vierzig Jahre zuvor. Was machte ein Erbgroßherzog, wenn Papa noch regierte, sich bei bester Gesundheit befand und an eine baldige Übernahme der Throninsignien gar nicht zu denken war? Zumal, was tat er, wenn er krank und anfällig war und, im Gegensatz zu Paul Friedrich, gar nicht daran denken konnte, Schweriner Baupläne zu verfolgen und als Truppeninspekteur zu wirken? Was sollte Friedrich Franz anfangen? Auch auf familiäre Pflichten konnte er sich nicht zurückziehen, er war unverheiratet wie bisher. Ausweg: Reisen.

1874 und 1875 reiste er durch den Vorderen Orient, suchte Kairo auf und die Stätten der Pharaonen, kam nach Sinai und ins Heilige Land und machte Visite in Konstantinopel. Von hier aus ging es über Odessa und Moskau nach St. Petersburg, wo er sich am Hof des Zaren eine Weile aufhielt und möglicherweise schon ein Auge auf die Tochter des Großfür-

Großherzog Friedrich Franz III.
mit seiner Gemahlin Anastasia Michailowna Romanowa,
Fotografie um 1880

sten Michael, Anastasia Michailowna Romanowa, geworfen hat. Das überschlanke, sehr zarte Mädchen war bei diesem Besuch sechzehn Jahre alt. Zwei Jahre später, am 4. Mai 1878, verlobte sich Friedrich Franz mit ihr, die Hochzeit fand am 24. Januar 1879 im Winterpalast zu St. Petersburg statt, mit gewaltigem Gepränge – zunächst griechisch-orthodox, anschließend protestantisch im Alexandersaal. Zu diesem Zweck war der Superintendent Bard aus Schwerin herbeordert worden. Die Feierlichkeiten dauerten eine ganze Woche. Erst am 8. Februar 1879 erfolgte der Einzug des erbgroßherzoglichen Paares, dessen weiblicher Teil wie alle Mitglieder der Zarenfamilie mit „Kaiserliche Hoheit" anzureden war, in die Residenzstadt Schwerin.

Das Paar nahm seine Wohnung im Neustädtischen Palais, das Vater F.F.II. noch einmal hatte um- und ausbauen lassen. Allerdings war das Haus meist verwaist, denn schon bald setzten wieder ausgedehnte Reisen, zumeist in den Süden, ein. Längere Zeit lebte Friedrich Franz in Palermo, und nach dem Tode seines Vaters meist in Cannes. Für die Schweriner Regierungsgeschäfte, die an ihn unausweichlich herantraten, war dieser Umstand durchaus ungünstig. Minister und vortragende Räte mußten häufig die Reise auf sich nehmen, nach Schwerin kam der Großherzog sehr selten. Oft beklagte er den Umstand, daß sein Vater, erst sechzigjährig, so überraschend gestorben war. Er meinte, er sei doch eigentlich nicht so recht für diesen Dienst im hohen Amt des Landesvaters geeignet, da ihn seine Krankheit zunehmend zu fast immerwährendem Aufenthalt am Mittelmeer verurteilte.

Mit seiner Frau Anastasia, die auf den überlieferten Bildern stets einen strengen, fremden, manchmal fast abweisenden Ausdruck zeigt, hatte Friedrich Franz III. drei Kinder. Die Erstgeborene erhielt den Namen der Großherzogin-Mutter Alexandrine (1879), das zweite Kind war der ersehnte Thronerbe Friedrich Franz, der einmal seinem Vater als F.F.IV. nachfolgen sollte und gottseidank eine robuste Gesundheit besaß (1882), und 1886 schließlich wurde Cecilie geboren, spätere Kronprinzessin des Deutschen Reichs. Welche komplizierten Verwandtschaftsverhältnisse sich aus diesen Kindschaften und Heiraten ergaben, wissen die Genealogen zu beklagen. Irgendwie waren sie schließlich alle miteinander verwandt, und daß

88

Cecilie und ihr späterer Mann, Kronprinz Wilhelm, in Friedrich Wilhelm III. von Preußen und seiner Frau, der schönen Königin Luise, sowohl den gleichen Urgroßvater als auch die gleiche Urgroßmutter, noch dazu väterlicherseits, hatten, ist noch das Geringste. Und daß Friedrich Franz des Dritten Schwester Marie, beide Urenkel der Zarentochter Helene Paulowna, 1874 den Großfürsten Wladimir heiratete, der ein Urenkel des Zaren Paul und Enkel des Bruders der Helene Paulowna war, hatte zur Folge (können Sie folgen?), daß Wladimir zugleich der Schwager, der Großcousin und der Großneffe des Großherzogs F.F.III. war. Vielleicht war ja Friedrich Franz gar sein eigener Stiefzwilling? Lassen wir die dummen Kalauer beiseite, sie sind nur geeignet, Verwirrung zu stiften und sollen doch nichts weiter als herzeigen, wie kompliziert es in den europäischen Herrscherfamilien mit den Verwandtschaftsbeziehungen bestellt war.

Während der sechzehnjährigen Regierungszeit Friedrich Franz' III. sind, was Mecklenburgs innere Verhältnisse angeht, nur wenige bedeutende Ereignisse vorgekommen. Selbst der Historiker Otto Vitense hat in seiner kleinen „Mecklenburgischen Geschichte" nur zwei wichtige Dinge hervorgehoben – die Verstaatlichung der mecklenburgischen Eisenbahnen und die umfangreichen Wasserbaumaßnahmen der späten achtziger und der neunziger Jahre. Daß die Eisenbahnen fortan eine Staatsdomäne darstellten, war dem Bestreben geschuldet, die Einflußnahme des Staates auf die Wirtschaft des Landes zu verstärken, und der Wasserbauboom war eine Folge der gewaltigen Hochwasserkatastrophe im „Dreikaiserjahr" 1888, die durch die schweren Überflutungen der Elbe bei Dömitz und Boizenburg ungeheuerliche Schäden angerichtet und Menschenleben gekostet hatten. Aber des Großherzogs persönlicher Einfluß bei diesem Schreckensereignis beschränkte sich darauf, ihm nach Cannes zugesandte Berichte zu studieren und halbherzige Anweisungen zu erteilen: „. . . und bitte ich Sie, den Betreffenden, die sich besonders hervorgethan haben, meine Anerkennung auszusprechen . . .".

Nur in der warmen Jahreszeit kam der Großherzog gelegentlich nach Schwerin oder Ludwigslust, manchmal waren die „Kaiserjagden" in Jasnitz der äußere Anlaß, ein anderesmal galt sein besonderes Augenmerk dem Schweriner Ruderclub „Obotrit", dem er zu seinem 25. Jubiläum die

Erlaubnis erteilte, das Abbild der wendischen Krone in seinem Vereinswappen zu führen.

Immer wieder aber unterbrach die Krankheit den normalen Fluß der Dinge. Schon 1891 hatte die „Kölnische Zeitung" Zweifel an der Regierungsfähigkeit des mecklenburgischen Großherzogs geäußert, andere Blätter zogen kommentierend nach, man dachte öffentlich über die Einsetzung einer Regentschaft nach. Das und die seit 1895 sich noch beträchtlich verschlimmernde Krankheit mochten dazu beitragen, daß sich Friedrich Franz III. Gedanken über den Tod und seine letzte Ruhestätte zu machen begann. „Ich will nicht im Dom zu Schwerin beigesetzt werden", schrieb er an den Baurat Daniel, „da das öffentliche Dastehen in einer Kirche, das Besehenwerden als Kuriosum ... nicht das ist, was ich mir unter friedlicher, ungestörter Grabesruhe vorstelle." So erhielt Daniel den Auftrag, das Helenen-Mausoleum (es steht mit der Inschrift „Helenen Paulownen" im Schloßpark zu Ludwigslust) für den Zweck seiner späteren Bestattung herzurichten. Großherzog Friedrich Franz starb in Cannes nach schwerer Krankheit am 10. April 1897.

Einen Tag zuvor war sein Sohn und Erbe, Friedrich Franz IV., erst fünfzehn Jahre alt geworden – zu jung für den Thron. Bis zu seiner Volljährigkeit mußte ihn ein Regent vertreten.

Johann Albrecht – Herzog-Regent
(1857–1920)

Johann Albrecht wurde am 8. Dezember 1857 als fünftes Kind des Großherzogs Friedrich Franz II. und seiner ersten Frau, Auguste von Reuß-
Schleitz-Köstritz, in Schwerin geboren. Er war der erste großherzogliche
Sproß, der im erneuerten Schweriner Schloß nach dem Einzug geboren
wurde.

Wie sein ältester Bruder Friedrich Franz III. wurde auch er zunächst von
Hauslehrern und von seiner Konfirmation 1872 an im Vitzthumschen
Gymnasium zu Dresden erzogen, wie vor ihm seine Brüder Friedrich Franz
und Paul Friedrich. In Bonn studierte er Jura und Philosophie. Entspre-
chend der Tradition wählte er zunächst eine militärische Laufbahn – er
trat als Offizier in das preußische Leibgarde-Husaren-Regiment in Potsdam ein.

Johann Albrecht fühlte sich allerdings nicht besonders wohl als Berufs-
soldat. Er war hochintelligent, gebildet, von staatsmännischem Wesen,
ähnelte in seiner Tatkraft und in seinem Durchsetzungsvermögen, aber
auch im Aussehen, seinem Vater Friedrich Franz II. und fügte diesem Cha-
rakterbild noch sein lebhaftes Interesse für Völkerkunde, Geographie und
Weltpolitik hinzu. Er sah als Weltmann weit über die Grenzen des relativ
kleinen Großherzogtums hinaus. So muß es uns nicht wundern, daß Johann Albrecht 1882 zunächst einen zweijährigen Urlaub nahm und später nicht mehr in den Militärdienst zurückkehrte. Er wurde – nennen wir
es einmal so – Außenpolitiker für Kolonialfragen.

Als führendes Mitglied der deutschen Kolonialgesellschaft bereiste Johann
Albrecht fast die gesamte südliche Hemisphäre und Asien. Dabei ging er
durchaus systematisch vor; einer zweijährigen Weltreise, die ihm den allgemeinen Überblick verschaffte, folgten gezielte Besuche in den Interes-
sengebieten der deutschen Kolonialpolitik, so in den Südseeterritorien
(Samoa, Karolinen), Südasien (Neu-Guinea, Salomonen) und Afrika (Togo,
Kamerun, Namibia, Tanganjika). Johann Albrecht bereiste diese Gebiete
natürlich nicht als Privatmann, sondern im Interesse des Deutschen Reiches und seiner kolonialen Bestrebungen. Man mag diese Politik heute

verurteilen; sie war gewiß äußerst konservativ und dem deutschen Nachholebedarf am Weltmarktanteil geschuldet. Dennoch entsprach sie dem Zeitgeist, und die Folgen solcher imperialer Bestrebungen waren in den achtziger und neunziger Jahren des 19. Jahrhunderts wohl gar nicht abzusehen. Man glaubte allen Ernstes, den „Negern" mit deutscher Kultur und deutschem Christentum die Segnungen Europas zu bringen. Und, vordergründig betrachtet, gab es ja auch Erfolge. Alphabetisierungskampagnen, Bekämpfung von Seuchen, überhaupt Schaffung grundlegender medizinischer Versorgung – Schritte auf dem Wege zur sogenannten Zivilisation – waren ja keineswegs ablehnbar. Wer mochte wohl in jener Zeit der üppigen Prosperität des jungen, von Bismarck geschaffenen Deutschen Reiches an Negativfolgen denken? War es denn verwerflich, Häuptlingssöhne nach Deutschland zu holen und zu lutherischen Pastoren auszubilden? War es denn schlimm, die Schamanen und Kräuterweiber durch schwarze Mammies mit weißen Häubchen zu ersetzen, die zuvor in den Bethelschen Anstalten das Hebammenhandwerk erlernt hatten? Was war auszusetzen an kleinen, braven Schülern mit kurzem krausem Haar und dunkler Haut, die in feiner Sütterlinschrift „Kaiser Wilhelm lebe hoch!" auf schwarze Schiefertafeln deutscher Produktion schreiben konnten? Es ließ sich alles gut an. Eine Inselgruppe nördlich von Australien erhielt komplett deutsche Benamungen. „Neu-Mecklenburg" gab es ebenso wie „Neu-Pommern" und „Neu-Hannover". Heute gehören alle diese Inseln zu Papua-Neuguinea und tragen neue Namen („Neubritannien" für Neu-Pommern, „Neuirland" für Neu-Mecklenburg). Nur „Neu-Hannover" heißt noch so, allerdings unter Einbuße eines „n" und der Einführung der englischen Vokabel für „neu": „New Hanover". Und daran hat die Verwandtschaft schuld zwischen den Königshäusern Englands und Hannovers.

Nun, Johann Albrecht focht das nicht an. Auf Neu-Mecklenburg, der langgezogenen, sehr schmalen tropischen Insel, gibt es zwei Gebirgsketten. Eine heißt bis heute „Schleinitz-Range", die andere „Hans-Mayer-Range". Johann Albrecht, Herzog zu Mecklenburg, läßt grüßen. Nein, wir wollen dem Herzog-Regenten keinen Vorwurf machen. Er tat, was viele andere deutsche Politiker mit ihm taten: Er strebte danach, die Aufteilung

Johann Albrecht,
Herzog-Regent 1897–1901,
Fotografie um 1915

der außereuropäischen Welt unter die Kolonialmächte nicht eben zu un-
gunsten Deutschlands ausgehen zu lassen. So wurde er folgerichtig am 15.
Januar 1895 zum Präsidenten der deutschen Kolonialgesellschaft gewählt.
Damit schien seine politische Rolle in der Geschichte des deutschen
Kaiserreiches festgeschrieben.

Allerdings ahnte er nicht, daß ihm mit dem frühen Tod seines Bruders
Friedrich Franz III. 1897 eine völlig andere politische Rolle zufallen würde,
die der Regentschaft für seinen minderjährigen Neffen, den Erbgroßherzog Friedrich Franz IV. Weshalb man nicht den mittleren Bruder Paul
Friedrich (geb. 1852) zur Regentschaft berief, wissen wir nicht genau; aber

wir können uns denken, daß der welterfahrene und in Deutschland sehr bekannte Johann Albrecht vom Familienrat für geeigneter befunden wurde. Er nahm die Regentschaft am 11. April 1897 an, einen Tag nach dem Tod seines Bruders in Cannes. Seine erste Aufgabe war es, die Überführung der Leiche seines Bruders und dessen Beisetzung im Helenen-Mausoleum zu Ludwigslust zu bewerkstelligen. Von Cannes aus wurde der Sarg in einem trauerumflorten Waggon nach Deutschland befördert; eine Ehreneskorte der Französischen Republik begleitete den Toten bis zur Grenze. Das war internationale Sitte, Respekt vor dem verstorbenen Oberhaupt eines europäischen Staates, der, verglichen mit Frankreich, zwar klein war, aber doch und nicht zuletzt durch die Herzogin Helene von Mecklenburg, die einmal Thronfolgerin Frankreichs gewesen war, in reputierlicher Beziehung zu Frankreich stand.

Johann Albrecht hatte schon ein gutes Jahr vor dem Antritt der Regentschaft begonnen, für sich und seine Familie (er hatte 1886 in erster Ehe die Tochter des Großherzogs Karl Alexander von Sachsen-Weimar-Eisenach, Elisabeth, geheiratet) ein eigenes Schloß zu bauen. Dafür war ein landschaftlich bedeutender Bauplatz ausgewählt worden – ein Areal auf dem hohen Ufer des Schweriner Außensees nördlich von Lübstorf, ein Bauplatz, wie er eigentlich königlicher nicht sein konnte. Umgeben von großen alten Buchenwäldern, öffnete der ausgewählte Hügel einen freien, weiten Blick über den Schweriner See. Das Schloß sollte, nach Vorstellung seines Bauherrn, einen Kontrapunkt setzen in die Reihe der herzoglichen Schlösser am See. Natürlich war das eigentliche Schweriner Schloß auf der Insel im südlichen Teil des Sees nicht zu übertrumpfen, das war weder möglich noch erwünscht. Es sollte aber doch in wohlabgewogenem Baustil, dem eigentlichen Fürstensitz nicht unähnlich, einerseits modern, andererseits traditionsverpflichtet sein. So entschied sich Johann Albrecht für den Johann-Albrecht-Stil, für eine Nachahmung der mecklenburgischen Variante der italienischen Renaissance, die sein Ahnherr und Namenspatron Johann Albrecht I. schon fast fünf Jahrhunderte zuvor bei seinen Bauten in Wismar und am Schweriner Schloß bevorzugt hatte. Mit den Entwürfen wurde der an der Bauakademie in Hannover tätige Professor Albrecht Haupt beauftragt. Das entstehende

Schloß Wiligrad, Postkarte um 1910

Schloß erhielt den Namen „Wiligrad". Zeitgenössische Presseberichte sprachen häufig von „Willigrad" und glaubten an eine Beziehung dieses Namens zu Kaiser Wilhelm („Willi"). Das ist aber eine Fehldeutung. Der Name lehnt sich an das slawische Wort „velikij" (groß) an und stellt eine Rückbeziehung zur nahegelegenen „Mikilenburg" (= großen Burg) dar, der alten Burgstelle der Obotritenfürsten im heutigen Dorf Mecklenburg. Wiligrad bedeutet also nichts anderes als „große Burg"; der Name ist eine Reverenz Johann Albrechts an seine slawischen Vorfahren, schon unschwer zu erkennen an der eindeutig slawischen Schlußsilbe „grad" (= Burg, auch Berg). Man denke an Petrograd, Stalingrad, Kaliningrad oder auch an das ostmecklenburgische Städtchen Burg Stargard, wo sich das „r" dem deutschen Zungenschlag angepaßt hat (stary grad = alte Burg). So sehr Johann Albrecht in den äußeren und inneren architektonischen Formen seines Schlosses auch Wert auf überkommene Motive und Stile legte, so war er doch auch sehr daran interessiert, gewisse „antique" und dem modernen Leben hinderliche Umstände, wie sie noch im Schweriner Schloß gang und gäbe waren, zu vermeiden. Man betrachte sich nur einmal die historische Heizungsanlage im Thronsaal! Da kommen einem doch Bedenken. In Wiligrad gab es also eine zentrale, von einem eigenen Maschinengebäude aus betriebene Heizungsanlage, eine eigene Dynamoanlage für die elektrische Beleuchtung des gesamten Schloßkomplexes, ein im Hauptturm untergebrachtes Wasserreservoir, das auch Feuerlöschzwekken dienen konnte, elektrische Aufzüge für Gepäck und Küchenservice und mancherlei andere, dem modernsten Stand entsprechende Hausinstallationen, Wasserklosetts selbstredend inbegriffen.

Der äußere Schmuck der schrägflügeligen Anlage ist dem Fürstenhof zu Wismar, aber auch der Burganlage zu Freyenstein in der Prignitz nachempfunden. Die Baukosten beliefen sich auf eine runde halbe Million Goldmark. 1898 konnte der Herzog-Regent einziehen.

Johann Albrecht führte die Regentschaft für seinen Neffen bis zum 9. April 1901, dem neunzehnten Geburtstag des Erbgroßherzogs. Der mußte nun wie sein Großvater Friedrich Franz II. auch als ganz junger, ziemlich unerfahrener Mann den mecklenburgischen Thron besteigen, hatte aber den Vorteil, daß sein Onkel ihm in den ersten Jahren der Regierung mit kräftigem Rat zur Seite stand. Seine Tätigkeit für die Deutsche Kolonialgesellschaft hatte Johann Albrecht während der Regentschaft nicht unterbrochen. Dies tat er auch dann nicht, als man ihm 1907 erneut eine Regentschaft antrug, diesesmal für das Herzogtum Braunschweig. Hier war mit Herzog Wilhelm 1884 die regierende Linie ausgestorben, und Preußen verweigerte dem angeheirateten Herzog von Cumberland die Thronfolge. So wurde Braunschweig 1885 bis 1906 unter die Regentschaft des preußischen Prinzen Albrecht und von 1907 bis 1913 unter die Johann Albrechts zu Mecklenburg gestellt. Erst 1913 kam mit dem Sohn des Herzogs von Cumberland wieder ein Welfe auf den braunschweigischen Thron.

Die deutschen Versuche, auf dem asiatischen Festland deutsche Kolonien zu gründen (so durch Pachtung der Halbinseln Tsingtau und Hayse südlich und nördlich der Bucht von Kiautschou), fanden Johann Albrechts lebhaftestes Interesse. 1909/1910 unternahm er eine Reise in den Fernen Osten und besuchte dabei das sogenannte Schutzgebiet, das Deutschland auf neunundneunzig Jahre von China gepachtet hatte (1898). Durch den ersten Weltkrieg kam das Gebiet an Japan, das es aber 1922 an China zurückgeben mußte. Johann Albrecht war zweimal verheiratet. Nachdem seine erste Frau 1908 in Wiligrad gestorben war, ging er im Jahre 1909 eine zweite Ehe ein. Auch die zweite Frau hieß Elisabeth. Sie war die Tochter des Grafen Botho zu Stolberg-Roßla.

Neben einer schier unzählbaren Ordensflut trug Johann Albrecht eine Vielzahl von Auszeichnungen. So war er Ehrendoktor der Rostocker Universität (verliehen für seine Reiseberichte und Forschungsarbeiten), Ehrendoktoringenieur (!) der Technischen Hochschule Braunschweig, General der Infanterie und Chef des Großherzoglich Mecklenburgischen Jägerbataillons Nr. 14 und General à la suite (ehrenhalber) des Königlich Preußischen Leibgardehusarenregiments und der Kaiserlichen Schutztruppe für Ostafrika.

Johann Albrecht war, in der Dynastie der mecklenburgischen Fürsten eigentlich eine Ausnahme, der geborene Politiker. Streng konservativ, unerschütterlich monarchisch eingestellt, in unabdingbarer Treue zu Kaiser und Reich denkend und handelnd, galt er als das Musterbild eines deutschen Fürsten. Seine Politik muß uns Heutigen nicht gefallen; sie zielte auf die Festigung der deutschen Großmachtstellung und führte, von Kaiser Wilhelm II. säbelrasselnd vorangetrieben, schließlich in den ersten Weltkrieg und in die bittere Niederlage. Als einer integren Persönlichkeit indessen müssen wir Johann Albrecht dennoch Respekt zollen.

Er starb am 16. Februar 1920 in seinem Schloß Wiligrad. „Er starb", so sein Biograph Theodor Seitz, „am verlorenen Krieg."

Schloß Ludwigslust, Postkarte um 1906

Friedrich Franz IV.
(1882–1945)

Der letzte der Schweriner Großherzöge ist von der historischen Literatur stiefmütterlich behandelt worden. Die fast opulent sprudelnden gedruckten Quellen zu Friedrich Franz I. und Friedrich Franz II. und die durchaus noch erfreuliche Schriftenmenge zu Paul Friedrich und Friedrich Franz III. bot allerhand Auskunft und Stoff. Bei Herzog-Regent Johann Albrecht wurde das Bächlein der Informationen schon schmaler, und bei Friedrich Franz IV. drohte es fast zu versiegen – als eine Art Zaungast der geschriebenen Geschichte tauchte er hier und da sporadisch einmal auf. Das liegt, glaube ich, an zweierlei Umständen. Zum einen lebte Friedrich Franz noch, als Wilhelm Heeß 1944 (unter schier unvorstellbaren Schwierigkeiten) seine inzwischen legendäre „Geschichtliche Bibliographie von Mecklenburg" abschloß, und es gilt ja bis heute der ungeschriebene Ehrenkodex der Bibliographen, sich von Lebenden fernzuhalten. So also sind wir gezwungen, in die „Apokryphen" der Landesgeschichtsschreibung einzudrin-

gen und auf die Suche zu gehen nach dem Großherzog Friedrich Franz IV.,
mit dessen Abdankung im November 1918 die Epoche der Großherzöge
von Mecklenburg-Schwerin und zugleich auch in Mecklenburg-Strelitz,
ja überhaupt die Epoche der Monarchie in Deutschland zu Ende ging und
das „Zweite Reich" seinen Niedergang fand.

Der zweite Umstand liegt einfach im historischen Bruch von 1945 begrün-
det. Das Staatsterritorium des alten Mecklenburg lag vollständig auf dem
Gebiet der Sowjetischen Besatzungszone. 1952 wurde Mecklenburg als
„Hort des reaktionären Junkertums" endgültig zu Grabe getragen, als man
unter Einbeziehung ehemals brandenburgischer und hannoverscher Territorien (Uckermark, Westprignitz, Amt Neuhaus) die drei Nordbezirke der
DDR schuf und Begriffe wie „mecklenburgisch" oder „brandenburgisch"
auf ethnische Inhalte reduzierte. Es gab fortan zwar noch „mecklenburgische Volkstänze", aber keine „mecklenburgische Geschichte" mehr. Und
so erlosch nach und nach sowohl das Interesse als auch der Antrieb, die
Dokumentation der Geschichte fortzusetzen. „Du schliefst, Land Mecklenburg . . ." hatte John Brinckman ein Jahrhundert zuvor gedichtet („Neue
mecklenburgische Lieder", 1845). Nun schlief Land Mecklenburg wieder,
diesesmal für vierzig Jahre. Nur mit Fingerspitzengefühl und Spürsinn kann
man deshalb in Gerhard Baarcks „Mecklenburgischer Bibliographie" die
Weizenkörner finden, die der alte Fuchs in seiner Bibliographie versteckte,
Verzeichnungen von Büchern und Zeitschriftenaufsätzen, die nach 1945
zur dynastischen Geschichte Mecklenburgs in westdeutschen Gefilden erschienen. Erst in den letzten zehn Jahren kamen vereinzelt wissenschaftliche und populäre landeskundliche Darstellungen auf den Büchermarkt.
Wir haben vorgegriffen und uns überhaupt ins Voraus begeben. Friedrich
Franz IV., so sollte nun erst einmal mitgeteilt werden, kam in Palermo zu
Welt, am 9. April 1882. Dort in der Villa Belmonte lebten seine Eltern
Friedrich Franz III. und Anastasia. Wir haben von den südlichen Aufent-
halten des dritten Friedrich Franz im vorletzten Kapitel hinreichend be-
richtet. Fast genau ein Jahr später starb sein Großvater Friedrich Franz
II., und der kranke Vater mußte den Thron besteigen.

Bei der ständigen Kränklichkeit seines Vaters und der zarten Konstitution seiner russischen Mutter hatte Friedrich Franz IV. wenig von seinen

Schloß Schwerin, Postkarte um 1915

Eltern. Eine für sein Leben wohl sehr wichtige Stütze wurde ihm 1886 geschenkt, als seine Schwester Cecilie geboren wurde, die spätere Kronprinzessin von Preußen. Sie ist es auch, die uns in ihren Erinnerungen ein anschauliches und erstaunlich „bürgerliches Bild" ihrer Familie und ihres engen Verhältnisses zu ihrem älteren Bruder hinterlassen hat. Wir zitierten Cecilie schon mehrfach, besonders im Hinblick auf ihre und ihres Bruders Urgroßmutter Alexandrine.

Cecilie erinnert sich an mancherlei. Sie beschreibt die Kinderwelt im Schweriner Schloß ziemlich genau, sie erzählt von den heimlichen Entdeckungsreisen im Gebälk der Dachstühle und in den Gewölben des Schloßkellers. Sie erinnert sich, wie sie die Natur um das Schloß empfand, weiß noch, wie die Bleßhühner auf dem nahen See riefen und die Möwen schrien und die Rosen vor den Fenstern der Kinderzimmer dufteten, erinnert sich genau an den Brunnen unter der riesigen Platane. Diese Kinderzimmer bilden heute die „Mecklenburgische Galerie", die Ausstellungsräume mecklenburgischer Malerei im Untergeschoß.

Schweriner Burggarten, Postkarte um 1910

Friedrich Franz bezog 1898 – sein Onkel Johann Albrecht hatte die Regentschaft an seiner Stelle bereits seit einem Jahr inne – wie sein Vater das Vitzthumsche Gymnasium zu Dresden. Er bewohnte hier eine Villa in der Moscinskystraße/Ecke Beuststraße. Seine Schwester Cecilie besuchte ihn dort sehr oft. „Wagen und Pferde waren für meinen Bruder von Schwerin mitgekommen, und so konnten wir an freien Nachmittagen im Großen Garten spazierenfahren . . .".

Im Herbst 1900 bezog Friedrich Franz die Universität Bonn. Auch darin folgte er dem Vorbild seines Vaters. Zum Studienberater wurde Dr. Adolf Langfeld (1854–1939) berufen. Mit ihm trat eine Persönlichkeit in das Leben des jungen Großherzogs, die ihn während seiner gesamten späteren Regierungszeit zunächst als Staatsrat und Justizminister und von 1914 an als Staatsminister begleiten und beraten sollte. Langfeld, ein zurückhaltender-nachdenklicher Mann, hatte in Leipzig und Heidelberg Jura studiert und nach einer kurzen Periode als Rechtsanwalt in Rostock als Richter und als Staatsanwalt im mecklenburgischen Staatsdienst gearbeitet. 1887 wurde er zum Vortragenden Rat im Justizministerium ernannt, wo es vordringlich seine Aufgabe war, Gnadenrechtsfälle zu bearbeiten. Langfeld, der seine politische Grundhaltung als „liberal-konservativ" beschrieben hat, besaß außerordentliche Kenntnisse der mecklenburgischen Verfassungs- und Rechtsgeschichte. Diese Kenntnisse konnte er dem Studenten der Rechte Friedrich Franz vielleicht nicht in vollem Umfang weitergeben. Er weckte aber in dem angehenden Landesherrn das wache Interesse für die „Verfassungsfrage", die schon Friedrich Franz II. so nachhaltig beschäftigt hatte und die doch bisher zu keiner Lösung gelangt war. Immer noch, wir wollen es uns noch einmal vergegenwärtigen, galt in beiden Mecklenburg der „Landesgrundgesetzliche Erbvergleich" von 1755. Er galt auch noch 1901, als Friedrich Franz der Eigengesetzlichkeit des großherzoglichen Hausrechtes zu folgen und den Thron zu besteigen hatte.

Eine seiner ersten Amtshandlungen war es, den Vortragenden Rat Langfeld zum Justizminister zu ernennen. Gelegentlich finden sich im Schrifttum Hinweise, Dr. Langfeld habe dem jungen Großherzog gewissermaßen den Vater ersetzt. Sicher ist daran etwas Wahres, jedenfalls, was die charakterliche Beeinflussung durch Langfeld angeht, und, soviel ist sicher, Friedrich Franz empfand einen hohen Respekt vor der integren Persönlichkeit, dem abwägenden Charakter und der immensen Gelehrsamkeit dieses erfahrenen Juristen, der ja in der Tat, jedenfalls vom Alter her, sein Vater hätte sein können.

Landesherr und Justizminister waren sich bald einig, erneut die Bestrebungen des zweiten F.F. nach einer neuen Verfassung wieder aufzunehmen. Unter der schwachen Regierung des kränkelnden Friedrich Franz III. waren diese Bemühungen nahezu völlig zum Erliegen gekommen. Der erzkonservative Teil der Ritterschaft hatte immer wieder alle Ansätze solcher Art abgeblockt. Nun aber war das zwanzigste Jahrhundert angebrochen, die alten Zöpfe mußten abgeschnitten werden. Schließlich reiste man nicht mehr mit der Kutsche zum Landtag, und im großherzoglichen Marstall standen moderne und bequeme Automobile zur Verfügung der Herrschaften. Und so sehr Mecklenburg doch seit der Reichsgründung endgültig ins preußische Schlepptau geraten war, so wollte man doch jetzt Profilierung.

Nicht länger sollte Deutschland mit dem Finger auf den „steinzeitlich" konstruierten Ständestaat in Mecklenburg zeigen, nicht länger sollten die politischen Zeitungen des Reichs die mecklenburgischen Landtagsversammlungen als „Fossiliencongress" verspotten. So arbeitete Langfeld mehrere Verfassungsentwürfe aus, von denen zwei vor den Landtag gelangten, und zwar 1908 und 1913. Beidemale scheiterten die Versuche, wie sie immer gescheitert waren – am Nein! der Landtagsmehrheit, und dies, obwohl – namentlich 1913 – weitgehende Zugeständnisse an die Ritterschaft gemacht worden waren. Zornig ließ Friedrich Franz die Verhandlungen abbrechen. Die Regierung trat zurück. Der Großherzog ernannte am 1. April 1914 einen neuen Präsidenten des Staatsministeriums. Er hieß – wie könnte es anders sein – Adolf Langfeld. Zum ersten Mal seit über siebzig Jahren und in der Geschichte Mecklenburgs überhaupt erst zum zweiten Mal trat damit ein Bürgerlicher an die Spitze der Regierung (nur Urgroßvater Paul Friedrich hatte es 1837 gegen das Murren der Ritterschaft schon einmal gewagt, einem Nichtadligen dieses Amt zu übertragen, dem Ersten Minister Dr. Christian Friedrich Krüger). Sonst hatten die Staatsminister stets altadlige Namen getragen – von Drewitz, von Brandenstein, von Plessen, von Lützow, von Bülow, von Oertzen, von Bassewitz.

Der Großherzog war entschlossen, seine neue Verfassung nunmehr auf dem ihm aus alten Herkommen zustehenden, bisher jedoch kaum jemals angewendeten „Manutenenzrecht" zu begründen und ohne Zustimmung der Stände zu verkünden. Dieses alte Recht hatte man meist deshalb nicht in Anspruch genommen, um jeden Anstrich von „Absolutismus" zu vermeiden. Es besagte, daß der regierende (Groß-) Herzog Gesetze „aus eigener Hand" verkünden dürfe, wenn dies dem Wohle des Landes diene. Es ist schon ein Treppenwitz der Landesgeschichte, daß ein moderner deutscher Territorialpotentat eine (relativ) moderne konstitutionelle Verfassung mit Hilfe eines fast vergessenen, niemals angewendeten und aus Olims Zeiten stammenden Rechtes auf dem für den 25. November 1918 einberufenen Landtag durchgesetzt hätte, wenn nicht kurz zuvor und im Ergebnis des verlorenen Krieges das Großherzogtum aufgehört hätte zu existieren ...

Bevor wir uns den Ereignissen des Krieges, der Revolution und der Abdankung zuwenden, müssen wir allerdings noch ein paar persönliche Mitteilungen machen. Friedrich Franz IV. verheiratet sich 1904 mit der nur wenige Monate jüngeren Alexandra von Cumberland, Braunschweig und Lüneburg. Der Ehe entsprossen vier Kinder. 1910 wurde der Erbgroßherzog geboren, der als Friedrich Franz V. den Thron erlangt hätte, wenn die Monarchie das Jahr 1918 überstanden hätte. 1912 kam Christian Ludwig zur Welt, heute Chef des Hauses Mecklenburg. 1919 bzw. 1920 (da war die Großherzogin immerhin schon vierzig Jahre alt!) wurden die Schwestern Thyra und Anastasie geboren. Großherzogin Alexandra starb, achtzigjährig, 1963 in Glücksburg.

Kaiser Wilhelms Krieg, der am 1. August 1914 ausbrach, sollte, wie wir alle wissen, die Welt gründlich verändern. Der machtbessene, eitle und protzsüchtige Kaiser „mit den korten Arm" wollte es Europa zeigen, wer der Herr im Hause sei. Dabei geriet er dann gleich mit der ganzen Welt in Konflikt und verspielte alles, was Deutschland an geistigen und materiellen Reputationen errungen hatte. Für F.F. IV. war das sicher keine Veranlassung zum Jubeln. Aber er, um es einmal volkstümlich auszudrücken, „hing mit drin". Schließlich war seine geliebte Schwester Cecilie seit 1905 mit dem preußischen Kronprinzen verheiratet, und der Kaiser selbst war sein Onkel. Und er hätte sich auch gar nicht heraushalten können. So mußte, wie sein Vater und sein Großvater 1870, nun auch Friedrich Franz IV. in den Krieg ziehen. Was Mecklenburg betrifft, so können Bertolt Brechts eindringliche „Fragen eines lesenden Arbeiters" immerhin in einem Punkte mit „Ja!" beantworten – ja, er nahm seinen Koch mit, den großherzoglichen Mundkoch Brückner, der für seinen Einsatz mit Kelle und Hackbrett das Mecklenburgische Militair-Verdienstkreuz 2. Klasse bekam. Nun ja, wir wollen die Ironie doch beiseite lassen. Tatsächlich gibt es ein Foto, das Brückner Arm in Arm mit einem Herrn in einfacher Uniform zeigt, Brückner strahlend, sich der hohen Ehre wohl bewußt. Der Herr, in dessen Arm sich der Koch eingehängt hat, schaut ihn fast liebevoll an. Der hochgewachsene Mann mit der einfachen Feldmütze hat sich einen kleinen Kinnbart stehen lassen.

Friedrich Franz IV. in Offiziersuniform,
Fotografie um 1915

Generalfeldmarschall Hindenburg und Friedrich Franz IV. bei einer Truppeninspektion, Fotografie um 1915

Als preußischer General und Titularchef zahlreicher deutscher Truppenteile – des Großherzoglich Mecklenburgischen Feldartillerieregiments Nr. 60, des 4. Brandenburgischen Infanterieregiments, des Königlich Bayrischen 21. Infanterieregiments, um nur einige wenige aufzuzählen – war F.F.IV. während des Krieges sehr häufig zu Truppenbesuchen und -inspektionen an der westlichen wie an der östlichen Front unterwegs. Eine in der Boldtschen Hofbuchdruckerei in Rostock erscheinende Kriegszeitschrift „Mecklenburgs Söhne im Weltkrieg" sparte nicht mit Bildberichten über solche Ereignisse: Großherzog, die Front abschreitend, Großherzog, Orden verleihend, Großherzog in Feldgrau. Mecklenburgische Soldaten tauften ihre Unterstände „Villa Friedrich Franz" und „Schloß Schwerin". Manchmal erschienen Fotos: Großherzog bei Chauny am Scherenfernrohr, Großherzog besucht Verwundete bei Tannenberg. Begeisterte Berichte von Frontbesuchen gelangten in die Zeitungsspalten: „Schier unendliche Freude brachte die Nachricht, daß unser geliebter Großherzog das Eiserne

106

Kreuz Erster Klasse erhalten hat, und so recht wirkte diese vornehme, fürstlich bescheidene Art, in der er es (aus der Hand Wilhelms II.) annahm: „Aus Anlaß der rühmlichen Waffentaten meiner Landeskinder'".

Unterdessen machte sich in der Heimat Unmut breit, das Volk war kriegs-müde geworden. Allzusehr häuften sich die Todesnachrichten der Ehe-männer, Söhne und Väter mecklenburgischer Mütter und Kinder, das Brot und überhaupt alle Lebensmittel wurden immer knapper, es mangelte an allem. Der anfänglichen Begeisterung folgte die Ernüchterung und schließ-lich die Empörung. In der Residenzstadt gingen die ersten revolutionären Bestrebungen von den Fokker-Flugzeugwerkern aus. Friedrich Franz IV. wurde veranlaßt, seine Regierung zu entlassen und der Bildung einer vor-wiegend von Sozialdemokraten getragenen „Volksregierung" zuzustimmen (8. November 1918). Es ist merkwürdig (oder doch nicht?) – der Zorn des Volkes richtete sich gegen den Großherzog und nicht oder weniger gegen die adlige Ritterschaft. Er hatte den Zorn der Massen auszubaden, obwohl er und seine Vorfahren in der fast tausendjährigen Geschichte der Dyna-stie, abgesehen von ein paar Despoten oder Schwachköpfen, wie sie jede Dynastie hin und wieder zwangsläufig hervorbringt, die Sympathie ihres Volkes genossen hatten. Wenn in den Jahrhunderten, in denen Mecklen-burg unter der Obotritendynastie lebte, irgendein Fortschritt geschehen war, so war der mit Sicherheit nicht von Rittern bzw. von den adligen Rit-tern gekommen. Die Ritter aber blieben seelenruhig auf ihren angestamm-ten Schollen sitzen und kujonierten ihre Leute, wie sie es seit eh und je getan hatten, während der Großherzog Thron und Schloß und seine gerin-ge Macht verlor.

Sechs Tage nach der Entlassung seiner Regierung, am 14. November 1918, unterzeichnete Großherzog Friedrich Franz IV. die bekannte Abdikations-urkunde:

Schwerin, d. 14. November 1918
Auf Beschluß des Ministeriums erkläre ich hierdurch, daß ich für mich und mein Haus auf den großherzoglichen Thron von Mecklenburg-Schwerin verzichte. Ich entbinde zugleich alle Beamte ihres auf mich ge-

leisteten Eides und bitte sie, im Amte zu verbleiben und ihre Dienste der Regierung zum Besten von Volk und Vaterland weiterhin zur Verfügung zu stellen.
Friedrich Franz.

Gegengezeichnet ist das Papier von den Mitgliedern der Volksregierung, den Herren Dr. Wendorff (Deutsch-Nationale Volkspartei), Heinrich Dethloff (SPD), Heinrich Erdmann (SPD), Hans Sivkovich (DDP) und Franz Starosson (SPD).
Mit der Unterschrift des Großherzogs, der letzten, die Friedrich Franz IV., Großherzog von Mecklenburg, Fürst zu Wenden, Schwerin und Ratzeburg, auch Graf zu Schwerin, der Lande Rostock und Stargard Herr, je in seiner Eigenschaft als regierender Fürst unter ein Papier setzte, endete die Geschichte der obotritischen Dynastie in Mecklenburg. Nur der Vollständigkeit halber wollen wir erwähnen, daß damit zugleich auch das Großherzogtum Mecklenburg-Strelitz erledigt war. Am 23. Februar 1918 hatte sich der Strelitzer Großherzog Adolph Friedrich VI. das Leben genommen. Dadurch war der sogenannte „Heimfall" eingetreten. Da kein regierungsfähiger Nachfahre zur Verfügung stand, mußte Friedrich Franz IV. von Mecklenburg-Schwerin die Verweserschaft für das kleinere der beiden Mecklenburg übernehmen. Alle diese Vorgänge sind höchst verwirrend, höchst absurd und deshalb höchst interessant. Vielleicht findet sich einmal ein neuer Fritz Reuter, der einen neuen, diesesmal allerdings tragisch endenden „Dörchläuchting" schreiben könnte. Friedrich Franz IV. starb am 17. November 1945 in Flensburg. Bis zum Ende des zweiten Weltkriegs hatte er mit seiner Familie zurückgezogen im Schloß Ludwigslust gelebt.

Personenregister

Abkürzungen: Fr.: Frankreich; Ghz(n).: Großherzog(in); Grf(n).: Großfürst(in); Hz(n).: Herzog(in); Kn(n).: König(in); Krp(n).: Kronprinz(essin); Ks(n).: Kaiser(in); M.-Schw.: Mecklenburg-Schwerin; M.-Str.: Mecklenburg-Strelitz; Pr.: Preußen; Rl.: Rußland; v.: von; z.: zu; Z.: Zar

Familienübersicht des Großherzoglichen

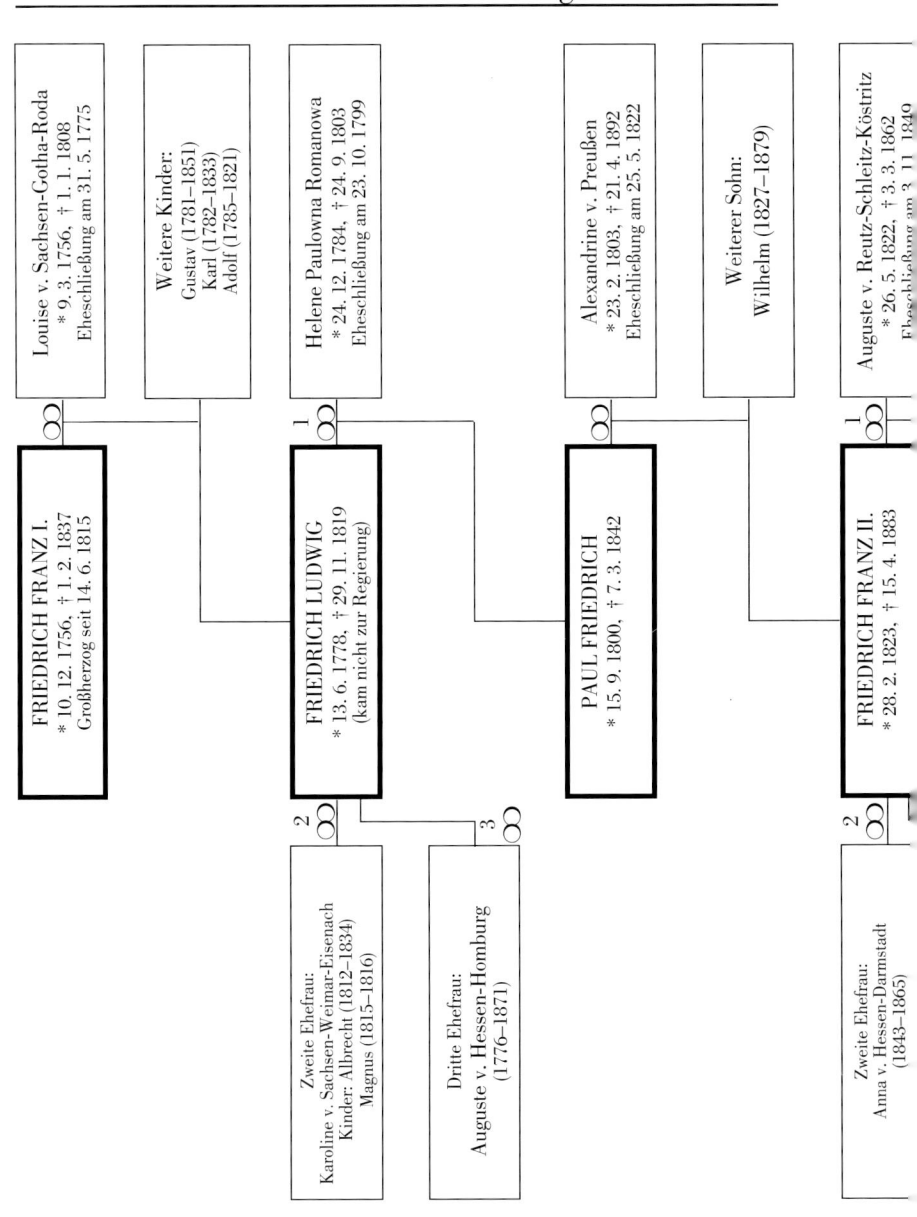

Louise v. Sachsen-Gotha-Roda
* 9. 3. 1756, † 1. 1. 1808
Eheschließung am 31. 5. 1775

Weitere Kinder:
Gustav (1781–1851)
Karl (1782–1833)
Adolf (1785–1821)

Helene Paulowna Romanowa
* 24. 12. 1784, † 24. 9. 1803
Eheschließung am 23. 10. 1799

Alexandrine v. Preußen
* 23. 2. 1803, † 21. 4. 1892
Eheschließung am 25. 5. 1822

Weiterer Sohn:
Wilhelm (1827–1879)

Auguste v. Reutz-Schleitz-Köstritz
* 26. 5. 1822, † 3. 3. 1862
Eheschließung am 3. 11. 1849

FRIEDRICH FRANZ I.
* 10. 12. 1756, † 1. 2. 1837
Großherzog seit 14. 6. 1815

FRIEDRICH LUDWIG
* 13. 6. 1778, † 29. 11. 1819
(kam nicht zur Regierung)

PAUL FRIEDRICH
* 15. 9. 1800, † 7. 3. 1842

FRIEDRICH FRANZ II.
* 28. 2. 1823, † 15. 4. 1883

Zweite Ehefrau:
Karoline v. Sachsen-Weimar-Eisenach
Kinder: Albrecht (1812–1834)
Magnus (1815–1816)

Dritte Ehefrau:
Auguste v. Hessen-Homburg
(1776–1871)

Zweite Ehefrau:
Anna v. Hessen-Darmstadt
(1843–1865)

Hauses von Mecklenburg-Schwerin

Weitere Kinder:
Paul Friedrich (1852–1923)
Marie (1854–1920)
Nikolaus (1855–1856)
Johann Albrecht (1857–1920)
Alexander (1859)

Anastasia Michailowna Romanow
* 28. 7. 1860, † 11. 3. 1922
Eheschließung am 24. 1. 1879

Weitere Kinder:
Alexandrine (1879–1946)
Cecilie (1886–1956)

Alexandra v. Cumberland,
Braunschweig und Lüneburg
* 29. 9. 1882, † 1963
Eheschließung am 7. 6. 1904

Kinder: Friedrich Franz *1910
Christian Ludwig *1912
Thyra *1919
Anastasia *1922

FRIEDRICH FRANZ III.
* 19. 3. 1851, † 10. 4. 1897

JOHANN ALBRECHT (REGENT)
* 8. 12. 1857, † 16. 2. 1920
Regent für F. F. IV. 1897–1901

FRIEDRICH FRANZ IV.
* 9. 4. 1882, † 17. 11. 1945
Abdankung 14. 11. 1918

Dritte Ehefrau:
Marie v. Schwarzburg-Rudolstadt
(1850–1922)
Kinder: Elisabeth (1869–1924)
Friedrich Wilhelm (1871–1897)
Adolf Friedrich (1873–1944)
Heinrich (1876–1934)

Literaturverzeichnis
(Auswahl)

Albrecht, K.: Adolf Langfeld. In: Mecklenburgische Monatshefte. 1930, S. 13 ff.

Almanach bei Gelegenheit der Jubelfeier der Regierung Sr. Königl. Hoheit des Grhzgs (Friedrich Franz) von Meckl.-Schwerin. Wismar: Schmidt & v. Cosselsche Buchhandlung,1835

Bei der Wieden, H.: Mecklenburg. (Grundriß zur deutschen Verwaltungsgeschichte 1815–1945. Reihe B, Band 13). Marburg/Lahn: Herder-Institut, 1976

Cecilie, (Kronprinzessin) von Preußen: Erinnerungen. Leipzig: Köhler, 1930

Dietzsch, E.H.: Zur Naturgeschichte der mecklenburgischen Revolution. Schwerin: Mecklenburger Nachrichten, 1919

Hirschfeld, L. v.: Friedrich Franz II. Großherzog von Meckl.-Schwerin und seine Vorgänger. Band 1 und 2. Leipzig: Duncker und Humblot, 1891

Jesse, W.: Geschichte der Stadt Schwerin. Von den Anfängen bis zur Gegenwart. Band II: Das 19. Jahrhundert. Schwerin: Bärensprung, 1920

Krause, K.E.H.: Paul Friedrich, Großherzog von Mecklenburg-Schwerin,. In: Allgemeine deutsche Biographie, Band 25, 1877 (S.243)

Krempien, M.: Schweriner Schloßbaumesier G.A.Demmler. Schwerin: Demmler Verlag, 1991

Meltz, C.: Der Strelitzer Thronfolgefall von 1918. In: Schriften zur mecklenburgischen Geschichte und Landeskunde. Heft 4: Aus tausend Jahren mecklenburgischer Geschichte. Köln, Wien: Böhlau, 1979 (S. 160)

Reimers, A.Ch.: Lebensbeschreibung Friedrich Franz I., Großherzogs von Mecklenburg-Schwerin. Rostock: Hinstorff, 1868

Schröder, C.: Beiträge zur Erziehungs- und Jugendgeschichte des Großherzogs Friedrich Franz I. In: Jahrbücher des Vereins für mecklenburgische Geschichte und Altertumskunde, Band 77. Schwerin: 1912 (S. 1–82)

Schröder, C.: Friedrich Franz III., Großherzog von Mecklenburg-Schwerin. Aus seinem Leben und seinen Briefen. Schwerin: Bahn, 1898

Schubert, G.H.: Erinnerungen aus dem Leben I.K.H. Helene Louise Herzogin von Orleans nach ihren eigenen Briefen zusammengestellt. München: Cotta, 1859

Seitz, Th.: Johann Albrecht Herzog zu Mecklenburg. In: Deutsche Biographisches Jahrbuch, Band 2. 1928 (S. 547–550)

Unser Fürstenhaus in Bildern. Schwerin: Herberger, 1904

Vitense, O.: Mecklenburgische Geschichte. Berlin, Leipzig: Göschen, 1912

Volz, B.: Grhzg Friedrich Franz II. von Mecklenburg-Schwerin. Ein deutsches Fürstenleben. Wismar: Hinstorff, 1893

Zum Gedächtnis an den Heimgang Sr. Hoheit Johann Albrecht Herzogs zu Mecklenburg am 16. Februar 1920 in Willigrad. Schwerin: Bahn, 1920

Ferner wurden einschlägige Jahrgänge des Staatskalenders benutzt: Hrzogl. (später: Großherzogl.) Mecklenburg-Schwerinscher Staatskalender. Jahrgang 1 (1776) bis 143 (1918)

Dankzettel

Die Darstellung stützt sich im wesentlichen auf gedruckte Quellen. Alle hier aufgeführten Bücher und Zeitschriftenaufsätze befinden sich im Bestand der Mecklenburgischen Landesbibliothek Schwerin. Verlag und Autor danken der Bibliothek, namentlich ihren Mitarbeiterinnen Grete Grewolls und Kristiane Taeger, für die freundliche Mitarbeit bei der Ermittlung und Bereitstellung der benötigten Literatur.

Besonderer Dank gilt dem Staatlichen Museum Schwerin mit den Schloßmuseen in Schwerin und Ludwigslust für die Unterstützung bei der Anfertigung der Reproduktionen.

Bedanken möchten sich Autor und Verlag bei Dr. Peter Joachim Rukow für die freundliche Durchsicht des Manuskriptes und die wertvollen Anregungen.

Zum Autor

JÜRGEN BORCHERT
(geb. 1941)

Lebt als Publizist und Schriftsteller in Schwerin (Meckl.). Seit etwa 20 Jahren hat er zahlreiche Arbeiten als Buchautor und Herausgeber veröffentlicht. Seine Themen sind die Kultur- und Landesgeschichte Mecklenburgs, Biographien und romanhafte Darstellungen zur deutschen Literaturgeschichte, hauptsächlich des 19. Jahrhunderts.
Für seine Arbeit erhielt er 1980 und 1987 den in Schwerin verliehenen Fritz-Reuter-Kunstpreis und 1992 den Johannes-Gillhoff-Preis.
Bekannt vor allem durch seine „Mecklenburgischen Zettelkästen". Im Demmler-Verlag sind bisher von ihm die „150 Schweriner. Persönlichkeiten aus der Kulturgeschichte" erschienen.
Die „Mecklenburger Spaziergänge" werden hier 1993 folgen.

Im Demmler Verlag bisher erschienen:

RÜGEN
SAGEN UND GESCHICHTEN
Hrsgb. von Heinz Lehmann
104 S., 28 s/w-Fotos
ISBN 3-910150-01-2

Anni und Herbert Ewe
STRALSUND
UND UMGEBUNG
160 S., 56 s/w-Fotos, 12 Farbfotos
ISBN 3-910150-03-9

MUSEUMSFÜHRER
MECKLENBURG-
VORPOMMERN
Autorenkollektiv
197 S., 82 s/w-Fotos, 42 Farbfotos
ISBN 3-910150-05-5

Erika und Jürgen Borchardt
MECKLENBURGS HERZÖGE
Ahnengalerie Schloß Schwerin
122 S., 35 Farbfotos
ISBN 3-910150-07-01

Jürgen Borchert
150 SCHWERINER
Persönlichkeiten aus der Kulturgeschichte
ISBN 3-910150-09-8

NATIONAL- & NATURPARKFÜHRER
Mecklenburg-Vorpommern
88 S., 63 Farbfotos
ISBN 3-910150-11-X

LAND UN LÜD
Riemels un Vertellers von Johannes Pabst
herausgegeben vom Kulturamt Lübz
ISBN 3-910150-13-6

Rolf Reinicke
RÜGEN
STRAND & STEINE
80 S., 40 s/w-Fotos, 7 Farbfotos
ISBN 3-910150-02-0

Heinz Lehmann
RÜGEN
VON ARKONA–ZUDAR
136 S., 38 s/w-Fotos
ISBN 3-910150-04-7

Margot Krempien
SCHWERINER
SCHLOSSBAUMEISTER
G. A. DEMMLER
(1804–1886)
Eine Biographie
128 S., 62 s/w-Fotos, 13 Farbfotos
ISBN 3-910150-06-3

Klaus-Henning Schroeder
DAVIDS' ENKEL
Eine Jugend in Schwerin
240 S., 45 s/w-Fotos
ISBN 3-910150-08-X

USEDOM
SAGEN UND GESCHICHTEN
Neu erzählt von Egon Richter
80 S., 11 Farbfotos
ISBN 3-910150-10-1

GRIESE GEGEND
Sagen und Geschichten,
Sitten und Bräuche
Herausgegeben von Hartmut Brun
Mit Fotos von Detlef Klose
ISBN 3-910150-12-8